怖れを手放す

アティテューディナル・ヒーリング入門ワークショップ

著

水島 広子

星 和 書 店

Seiwa Shoten Publishers

2-5 Kamitakaido 1-Chome
Suginamiku Tokyo 168-0074, Japan

――こころの平和を感じたい、やすらぎを感じたい、
こころの静けさを得たい、穏やかなこころを持ちたい、
内なる平安を感じたい、こころを安定させたい、
自分を好きになりたい、怖れを手放したい、
もうこれ以上人を恨み続けたくない――。
どれか一つでもピンとくる方に、本書をお勧めします。

●—目次

1

入門ワークショップを始めるにあたって

入門ワークショップの位置づけ

水島　おはようございます。今日はアティテューディナル・ヒーリングの入門ワークショップにようこそお越しくださいました。一日、ファシリテーターをさせていただきます水島広子です。よろしくお願いいたします。

今日はアティテューディナル・ヒーリングの入り口ということで、アティテューディナル・ヒーリングについての基本的な勉強は全部していきます。また午後には、アティテューディナル・ヒーリングにおいて最も大切な「聴く」というトレーニングに入っていきます。十時から午後の四時までということになりますが、お昼休みを一時間とります。途中で短い休憩も入れますし、また部屋が暑い、寒いとか、トイレに行きたくなったとか、水が飲みたくなったなどというときには、ご自由になんでもおっしゃってください。ウロウロしながら過ごしていただきたいと思います。

アティテューディナル・ヒーリングとは何か、ということを今から勉強していくわけですが、少なくとも自分の快適さには自分で責任を持つというのが基本的な考え方です。ですから、せっかくやすらぎを求めてワークショップに来たのに、ずっと暑いのに我慢していたとか、水が飲みたいのに我慢していたとか、そういうことがないように過ごしていただければと思います。

普通、人が途中で立って水を飲んだりウロウロしたりすると、ちょっとイライラしますよね。けれども今日はこころの平和というものを考える一日ですから、ほかの人がウロウロしたからといって何も自分がイライラする必要はないんだなという見方をしていただけると勉強になると思います。そんな形で一日過ごしてください。

何か今日の過ごし方についてご質問はありますか。大丈夫ですか。ご質問があったら、そのつど聞いてください。

次に、入門ワークショップの位置づけについてご説明します。現在、アティテューディナル・ヒーリング・ジャパンで提供しているプログラムには、アティテューディナル・ヒーリングの入り口としての「入門ワークショップ」のほかに、ボランティアとして活動したい方のための「ボランティア・トレーニング」、さらにファシリテーターとして活動したい方のための「ファシリテーター・トレーニング」があります。入門ワークショップを終えられた方、この本を読まれた方は「サポートグループ」「ワークショップ」に参加していただくこともできます。

外側から見た位置づけとしては、「ワークショップ」は基本的にご自分の勉強のためのもの、そして「トレーニング」はアティテューディナル・ヒーリングを使って人にサービスを提供する立場の人のためのものです。それが外側から見た違いです。でもこれはあくまでも外側から見た違いであって、アティテューディナル・ヒーリングは最初から最後まで自分のためにやるものですので、それはサービス提供側になっても変わりません。

私も今日こうやって皆さまのお世話をしているような顔をして座っておりますけれども、これは皆さまのためにやっていることではなくて、自分のためにやっていることです。「人のためにやっている」というような気持ちになってしまったときには、アティテューディナル・ヒーリングではない、違うものに変わってしまったときだと思います。私も「人のためにやっている」という気持ちになってしまったら、このワークショップ自体をやめようと思っておりますが、今のところは自分のために続けさせていただいております。

以上がアティテューディナル・ヒーリングについての基本的な考え方です。また個々のプログラムについてはそれぞれご説明していきたいと思います。

今日はアティテューディナル・ヒーリングの入り口である「入門ワークショップ」ということになります。知識として得るべきものは、今日すべてお伝えします。

何かこの全体的な位置づけについてご質問はありますか。大丈夫ですか。今、「自分のためにやっていくものだ」と言われて、どういうことかなと思っている方もいらっしゃるかもしれません。けれども、これは勉強を進めていく中でもっとご理解いただけると思います。

チェックイン（自己紹介）

水島　では、まず自己紹介から始めます。

アティテューディナル・ヒーリングの自己紹介は「チェックイン」と呼ばれております。アティテューディナル・ヒーリングとは何なのかということはこれから勉強していきますが、少なくとも自分の気持ちを通して人とつながっていくというものなので、自己紹介でお話しいただくことはとても簡単なことです。

何をお話しいただくかというと、まずはご自分のお名前です。名前がないと呼んでもらえないので、ご自分のお名前をお話しください。名札の名前でも本名でも、なんでも結構です。もう一つは今の気持ちです。たった今の気持ちです。それだけをお話しいただければ十分です。

あとは今日の場合、長い時間を一緒に過ごしますので、例えば腰が悪いので時々姿勢を変えますとか、時々床に座りますとか、知っておいてほしいことがあればお話しください。もちろん必ず話さなければいけないということではありません。少なくともご自分のお名前と今の気持ちをお話しいただければ結構です。そのチェックインをさっそく始めたいと思います。

言い出しっぺの私からいきますけれども、水島広子です。今日はよろしくお願いいたします。

今の気持ちはちょっと緊張しているというような感じですが、皆さんの顔を見ているうちにだいぶおちついてきたというようなところです。よろしくお願いします。

ではなつよさん、よろしいですか。

なつよ　横浜から参りましたなつよと申します。こころの平和の講義を受けるということで、こころがとてもワクワクしているというのと緊張しているというのがあるのですが、よろしくお願いいたします。

まゆみ　北海道から参りましたまゆみです。よろしくお願いいたします。今日はとても緊張していますけれども、こころの平和を求めていきたいと思います。

もとはる　もとはると申します。今日はこころの平和でどういったお話があるのか、まだ見えない部分があるのでちょっと緊張しています。いろいろお話しできればと思いますので、よろしくお願いします。

よしこ　東京在住のよしこと申します。こころの平和というのがどういうふうにして得られるのかなというのをずっと求めてきているので、本当に今日は楽しみにといいますか、とても期待しています。ただ、やっぱり緊張していますので、どうぞよろしくお願いいたします。

うぶかた　うぶかたと申します。ちょっとどころか大変緊張しています。今も手に汗をかいているような状態です。顔もかたいかと思うんですが、どうぞよろしくお願いいたします。

トニ　おはようございます。大阪から来ましたトニと申します。こころの平和というのがどういうことなのかなというのがちょっと知りたいと思って、友達に教えてもらって来ました。皆さん緊張しているというのを聞いて私もちょっと安心しました。よろしくお願いします。

かおる　かおると申します。よろしくお願いします。具体的にどういうことが勉強できるのかなという興味津々で来ました。あと、花粉症がひどいので泣いているように見えるかもしれませんが、よろしくお願いします。

めぐみ　めぐみです。初めてお会いする方ばかりなのでとても緊張していますけれども、いろいろなことを学びたいと思ってワクワクしている気持ちもあります。よろしくお願いします。

英長　皆さま、こんにちは。東京中野から来ました英長です。よろしくお願いします。今は春なので全然緊張していません。すごくワクワクした、今日の天気のように晴れやかな感じでございます。よろしくお願いいたします。ありがとうございます。

まなぶ　千葉から来たまなぶです。名前に負けないようにいろいろと今日は学んでいきたいと思います。よろしくお願いします。

ひろみ　横浜から参りましたひろみと申します。最初はすごく緊張していたんですけど、皆さんのお声を聞いて、今ようやく楽しみに変わってきたかなという感じで、ワクワクとドキドキが半分ずつです。よろしくお願いいたします。

こーき　神奈川から来ましたこーきと申します。ここに座るまでは楽しみだったのですが、座ってから緊張してしまいました。ただ、いろいろと学べて今後に生かせたらと思いますので、よろしくお願いします。

伝統的な配慮

✿ジョイニング（つながりの儀式）

水島　ありがとうございました。今皆さんにやっていただいたのがチェックインという自己紹介なんですが、アメリカのグループではこれの前にもう一つ儀式があります。それは「ジョイニング」といわれている儀式です。何かというと、手つなぎの儀式なんですね。どういうものかというと、右手のひらを下にして、左手のひらを上にして、隣の人と手をつないで、目をつぶって、しばらく隣の人とのつながりや大地とのつながりなどを感じている、というものです。一〜二分しましたらファシリテーターが右手を握って、そうするとこーきさんの左手が握られますから、こーきさんは今度は右手を握ってというふうにして、握るのが伝わっていくんですね。握った手は外していただいて結構ですので、私の右手を外して、そうしたらこーきさんは右手を外して、というふうにして、外れるのも伝わっていって、最後に私の左手が握られて外しておしまい、というのがジョイニングという儀式です。

アメリカのアティテューディナル・ヒーリングの環境では、サポートグループでも、ビジネス・ミーティングでも、集まりの最初と最後に必ずやります。廊下で二人で立ち話の打ち合わせというときにも、二人でジョイニングをしてから打ち合わせをしたりします。これは、その時間を共有しましょうということの意思表明みたいなものなんです。日本の入門ワークショップでも初回はやったのですが、私自身、日本人にいきなり手なんて握らせちゃっていいのかなという迷いが非常にありました。そうしたら案の定というか、眼の感染症の方が一人いらっしゃって、あわてて「両隣の人、手を洗ってください」というようなことになってしまったんです。

それで創始者のジェリー・ジャンポルスキーに電話をしまして、「感染症の人がいたけど、どうする?」とか、「日本人にこんなことやらせていいの?」などと質問しましたら、ジェリーが「文化によって選択肢があっていいじゃないか」と。「人に何かを強制する必要はない」というので、それからは入門ワークショップでは手をつなぐのはやめまして、今はファシリテーター・トレーニングのときだけ、どういうものかというのをわかっていただくためにやっています。この手つなぎも文化によっていろいろと抵抗があると思いますから、いらっしゃる方みんながこれをやりたいと思うのでしたらやっていただきたいし、一人でも抵抗がある方がいらっしゃったら無理にやらないでいただきたいと思います。一応、そういう伝統がありますので、お伝えしておきます。

子どものグループでは、むしろ遊び感覚でジョイニングをしています。子どもの場合は、ファシリテーターではなく、希望した子から握ってもらいます。「今日はだれから握る?」と聞くと、「僕、僕」という感じです。子どもにとっては、握った手を離すというと複雑すぎるので握りっぱなしにするのですが、自分が握ったものが一周して戻ってくるというのは新鮮な驚きのようで、うれしくて何度も握っては戻ってくるのを確認してみる子どもも結構います。そんなことをやっているうちに仲よくなるんですね。

✤輪の真ん中にティッシュを置く

水島　伝統ということで、もう一つお話ししておきましょう。皆さんの輪の真ん中にティッシュがありますね。ここでは立派な台にティッシュが載っていますが、アメリカでは床にただ放り出されています。この輪の真ん中にあるティッシュにも意味があるのです。

これは普通のティッシュなんですが、このティッシュは何のためにあるかを説明します。アティテューディナル・ヒーリングのグループはこころで人とつながっていくグループなので、当然いろいろな気持ちが出てきます。そうすると泣く方もいらっしゃいます。別に泣かなくてもいいんですけど、泣く方もいらっしゃいます。ティッシュが真ん中にあるということはだれにでもとれるところにあるということですから、どうぞ皆さん、ほかの方にティッシュを渡さないでほしいんです。

泣いている人にティッシュをとって渡してあげるというのは、一般社会では善意の親切な行為とされていますよね。それはそれでいいんですが、アティテューディナル・ヒーリングというのは、これから勉強していただくとわかるんですけれども、それぞれのプロセスをとても大切にするものです。

その人はしばらく泣いている必要があるのかもしれないし、また泣いていたいのかもしれない。そういうときにティッシュをとって渡してしまうと、それがどういうメッセージになりうるかというと、「あなたが今泣き続けているのは不適切ですよ」というメッセージになるかもしれないし、あるいは「あなたが泣いていると私がつらくなるから泣きやんでください」というようなメッセージになるかもしれないんですね。必ずそうなるというわけではありませんが、そういうリスクもあるので、人のプロセスを邪魔しないようにしていただきたいのです。だれにでもとれるところにありますから、人に渡さないでくださいというのをお願いしておきます。

ただ、「とって」と頼まれたときはもちろん意地悪しないで渡してあげてほしいんですけれども（笑）。

また、人の体にさわるというのも同じように考えられます。泣いている人を見ると、私たちはさすったり軽くたたいてあげたりしたくなりますよね。けれどもそれもティッシュと同じように、「あなたが泣いているのは不適切だ」とか、「私がさすってあげているんだから泣きやみなさい」というようなメッセージにもなりかねないので、どうぞそういう人にもあまり触れないで、そのままにしておいてください。ご自分で泣きやもうと思ったらティッシュを持ってくればいいというだけのことですので。そのために必ず輪の真ん中にティッシュを置くというような伝統があります。

何か今のことを聞いて、ご質問はありますか。とくにないですか。よろしいですか。

2

アティテューディナル・ヒーリング・グループのガイドライン（指針）

——グループが目指していく方向

水島　それでは、今からお昼過ぎまでひたすら勉強をしていきたいと思います。皆さまのお手元の資料の「アティテューディナル・ヒーリング・グループのガイドライン（指針）」（60ページ）を出していただけますか。実際のグループでも、チェックインをしたあとにこのガイドラインを読むという順番でやります。ですから、今日も実際のグループと同じような順番で、このガイドラインをできるだけ守りながらやっていきたいと思いますので、ガイドラインの勉強から始めます。

今から、この「アティテューディナル・ヒーリング・グループのガイドライン（指針）」を相当細かく読んでいくという作業をします。「なんでこんなに細かく読むの」と思うかもしれませんが、その理由もあとでわかってくると思いますので、ちょっとおつき合いください。

それでは、なつよさん、タイトルから①のところまで読んでいただけますか。

ガイドラインはグループが機能するための枠組みとして考えられたもの

なつよ　アティテューディナル・ヒーリング・グループのガイドライン（指針）。以下のガイドラインは、グループが機能するための枠組みとして考えられたものです。①グループの目

的は、こころの平和の選択を実践することです。

水島　ありがとうございます。これをちょっとずつ見ていきましょう。まずタイトルが「アティテューディナル・ヒーリング・グループのガイドライン（指針）」であって、「ルール（規則）」ではないということに注目してください。つまり、これはできるだけ守っていきましょうというものであって、絶対に守らなければいけないというものではありません。ですから、完璧を目指さないでほしいんですね。アティテューディナル・ヒーリングにおいては「完璧」という選択肢はありません。完璧にやろうとは絶対に思わないでほしいのです。

なぜかというと、アティテューディナル・ヒーリングでは怖れを手放すということが一つのテーマなんです。完璧主義というのも怖れの代表選手の一つですから。わかりますよね。「完璧にやらなきゃ」と思うといろいろな怖れが出てくるし、自分にも他人にもすごく厳しくなります。ですから、とにかく何ごとも完璧にやらないでいただきたいのです。当然、ルール、規則みたいなものはアティテューディナル・ヒーリングにはあり得ませんから、できるだけこういう方向でやりましょうというのがこのガイドラインの位置づけになっています。

また、その次に書いてあるように、これはグループが機能するための枠組みとして考えられたもの、つまりみんなでグループを積み重ねてきた経験の中から、こういうふうにするとグループがいちばんアティテューディナル・ヒーリングらしくなるというような形でつくってきたものなので、このガイドラインを守らなかったら単にアティテューディナル・ヒーリングではない別のグループになるだけであって、それは間違ったことでもなんでもありません。せっかくこうやってみんなでアティテューディナル・ヒーリングをやろうと集まっているので、できるだけそれぞれの努力でグループをアティテューディナル・ヒーリングらしいグループにしていこうというだけのことです。ですから、これができない人のことを「だめだ」とか、「間違っている」とか、そういうふうに思わないでいただきたいのです。

ガイドライン—①

グループの目的は、こころの平和の選択を実践することです。

✤自分のためにやる

水島　①のガイドラインにはグループの目的が書いてあります。グループの目的はすごく簡単なんですね。一個しかないんです。「こころの平和の選択を実践すること」と書いてあります。「自分の」と書いていないんですけど、意識としては自分のこころの平和の選択と思っていただいて結構です。目的は一個しかありません。「世界平和のため」とか、「社会貢献のため」とか、何も書いていないということもよく覚えておいてほしいんですね。

これは最初に「私は自分のためにやっています」と言ったのと同じことなんですけれども、アティテューディナル・ヒーリングは、もちろん結果としては世界平和につながると思いますし、社会貢献になるということは私もわかっています。でも最初の目的がどっちにあるかによってずいぶん違うということなんですね。世界平和のためにやるのか、自分のためにやったら結果として世界平和のためになったのかというのでは、こころの持ち方がまったく違うというのがおわかりになりますか。

また最初に私が「これは私は自分のためにやっていて、皆さんのためにやっていません」と言ったので傷ついた人がいたかもしれませんが、私も皆さんのためになるということくらいはわかっていて、でも自分のためにやった結果として皆さんのためにもなるというのと、最初から皆さんのためにやるというのと、だいぶこころの持ち方が違うというのはわかりますか。

なぜかというと、「皆さんのためにやっているんです」と思うと、「こんなにやっているのにどうして」とか、「つらいのにみんなのためだから」というような「やらされ感」みたいなものも出てくると思いますし、相手に対するいろいろな期待が出てきてしまったりもします。「こころの平和か、怖れか」ということを考えていく中では、自分のためにやっていくというところで、まずは自分が責任をとっていくということがこころの平和につながるというのを感じていただければと思っています。ですから、目的としては、自分のこころの平和の選択の実践ということだけなんですね。そこまではよろしいですか。

「こころの平和の実践」か「こころの平和の選択の実践」か

水島　さて、そこなんですね。「選択」という言葉が入っているんです。「こころの平和の選択を実践することです」と書いてあるのですが、この「選択」という字は抜いてしまってもそんなにおかしくありません。「グループの目的はこころの平和を実践することです」と読んだとしても日本語としては別におかしくないですよね。そこに選択という言葉が入ることによって、どのような違いが感じられますか。なんでも自由に答えていただきたいんですけど。

よしこ　自分で選ぶ。そういうふうな感じがします。

水島　主体的な感じですね。ほかにどんな感じ方がありますか。

ひろみ　平和を実践するというよりは、自分が主人公なのかなって。何か少し緩い感じがします。

なつよ　選択ということで、自分のかかわりが感じられる。

水島　ほかにもありますか。

こーき　選択をすることによって平和に思えることと思えないことがものごとにはあるのか、自分のこころの持ち方次第。

水島　平和に思えるかどうかを決めるのは自分だ、という感じですね。ありがとうございます。ほかにもありますか。

よしこ　結果にかかわるんですよね。今、こーきさんがおっしゃったのと同じかもしれないけど、「こころの平和を実践する」というと、それをしなきゃいけないみたいな感じですよね。

水島　ありがとうございます。だいたい出つくしましたか。今いろいろ言っていただいたのをまとめていきたいと思いますが、まず自分がやるんだというのがありましたよね。つまり、ここに座っていればだれかが自分のこころを平和にしてくれるわけではなくて、自分がこころの平和を選んでいくんだ、自分がやっていくんだというのが一つですよね。

それから、緩い感じというのもありましたし、結果にかかわる部分というのもありましたけれども、つまり、「こころの平和を実践」と言われてしまうと、そういう結果が得られなければいけないという感じがしませんか。例えば、今日四時までここにいて、「ちゃんと四時にはこころが平和になっているんだろうか」とか、「ならなくっちゃ」みたいな感じとか、出てきますよね。「あの人、あんなにこころを平和にしているけど、私はできているのかしら」とか。

「こころの平和を実践する」と言われてしまうと、結果への執着が生まれて、どれだけ平和になるだろうかと視点がかなり未来に行ってしまうんですね。たぶん「緩い感じ」とおっしゃっていたのは、結果としてはどっちになるかわからないけれども、ただ、現在選ぶということが大切だというような感覚かなと思うんです。そうすると現在やることですよね。選ぶのは今やることですから。結果としてはうまくいくかもしれないし、うまくいかないかもしれないし、どっちだかわからないけれども、という感じだと思いますが、「緩い感じ」とおっしゃった方、それでよろしいですか。

ひろみ　はい。

水島　あと、「こころの平和かどうかを決めるのは自分だ」という、こーきさんが言ってくださったことも本当にそのとおりで、「こころの平和」という決まったものがあるわけではなくて、自分が平和だと感じるのが自分のこころの平和なわけです。ですから、それは自分にしかわからないというのも大切なポイントですよね。

というような感じで、今皆さんが言ってくださった中にすでにアティテューディナル・ヒーリングの特徴がかなり出ていますね。「自分でやること」であるとか、「未来の結果ではなくて今やること」であるとか、「それを感じるのは自分」であるみたいなところだと思います。

さらに、そのあとに「実践すること」と書いてありますが、「実践」は英語では「プラクティス」なので、「練習」と訳してもいいんですね。つまり、選択してみて、うまくいかないかもしれないけど、また次も選択してみて、また次も、みたいな、そういう気軽な感じがあるので、「こころの平和の実践」のような重いものではないのです。とにかく今の瞬間に自分が選んで、うまくいかないかもしれないけれども、とにかくまた選んでいこう、そのようなニュアンスになります。これでだいぶアティテューディナル・ヒーリングらしさがわかってきたと思いますが、いかがですか。ピンときますか。

✤完璧な理解を目指さない

水島　今日、私はこうやって「いかがですか」とか、「よろしいですか」と言って先に進んでいきますが、そのときに完璧主義に陥って、「ちゃんと自分は理解したかな」などと、くれぐれも不安に思わないでほしいんです。今日の目標は六割程度の理解です。ですから、私が「わかりましたか」とか、「いいですか」と聞いたときに六割理解できていると思ったら先に進んでください。

先ほど申し上げたように、もともとアティテューディナル・ヒーリングでは完璧主義を手放していただきたいのです。とくにまだ一枚目の紙を始めたばかりですよね。これからこういう紙がいっぱい出てきます。この紙は何かというと、アティテューディナル・ヒーリングというとらえどころのないものをいろいろな角度から切って見ていって、だんだん正体を探っていくためのものです。ですから、枚数を重ねるごとに理解が深まると思います。まあ一枚目の紙といっても、半分も理解していないとちょっと心配ですから（笑）、半分は理解していただければと思います。私が「よろしいですか」と聞いたとき、六割わかったと思われたら「はい」と答えてください。よろしいですか。

ガイドライン―②

グループの中では、「聴くこと」に意識を集中します。開かれたこころで人の話を聴くことや、お互いに支え合うこと、評価を下さずに人の話を聴き自分の話をすることを実践します。

✤私たちは相手の話だけを聴いているわけではない

水島　ではまゆみさん、②を読んでいただけますか。

まゆみ　②グループの中では、「聴くこと」に意識を集中します。開かれたこころで人の話を聴くことや、お互いに支え合うこと、評価を下さずに人の話を聴き自分の話をすることを実践します。

水島　ありがとうございます。この「聴くこと」というのは今日とくに一生懸命やっていく部分になります。ここで一緒に考えていただきたいのですが、私たちは毎日、人の話を聴いて暮らしていますよね。全然聴いていないときというのはおいておくとして、聴いていて、言葉もちゃんと耳に入っていて、あとで「あの人、何を話していた?」と聞かれたら「こういうことを話していた」と言えるくらいには聴いているときのことを考えてください。私たちはそうやって人の話を毎日聴いているわけですが、相手の話だけを聴いていることというのはまずなくて、必ず同時に自分の考えを聴いているんですね。そのときに、「だいたい自分はこんな考えを同時に聴いていることが多い」というのを挙げていただけますか。人の話を聴いているときに、同時に自分の頭の中で考えていることにはどんなことが多いかというのを教えてください。

トニ　例えば会社で隣の人が何かを話しているときに、何かを話してくれているんだけれども、自分は明日出さなければいけないもののことを考えていたり、あの資料間違っていたなとか思っていて、結構人の話を聴いていないなと、今言われて思いました。

水島　自分がこれからやらなきゃいけないこととか、段取りとかを考えていて？

トニ　そればっかり考えているような気がしました（笑）。

水島　よくありますよね。

英長　自分の価値観でそれを受け入れるか受け入れないかを考えていたり、それから善悪ですね。それはいいことか悪いことかとか、そういうことを考えながら聴く場合が多いですね。

水島　「これはだめだな」なんて思いながらね。

英長　だめだなとか、これは「○」だなとかね。ただ、それはあくまでも自分の尺度なんですね。

水島　そういうのと照らし合わせながら聴くという、これも多いですよね。

よしこ　その人がやっていることを一生懸命言ってもらったりするときに、自分ができないんじゃないかという不安があって、「そんなことできるんだ、この人は」と評価をしていることがある。「自分はできないのに、どうしよう」と不安になってしまうということがよくあります。

水島　できる相手とできない自分に評価を下しながら聴いているみたいな感じですね。これもありますよね。ほかにはどんなのがありますか。皆さん、毎日やっていることだと思うので、いくらでも出てくると思いますけれども。

まゆみ　「またその話か」みたいな（笑）。
水島　これもよくありますよね。「この人の話、いつも同じ」というのですよね。
英長　聴いているんだけど、話しちゃいますよね。
水島　自分の話をしちゃう。
英長　そうそう。「そんなこと言ったって、こうだよ」と。要するに聴かない。
水島　頭の中で評価を下しているだけじゃなくて、口にも出しちゃうという感じですね。
英長　そうそう。「それは違うよ、君」とかね。水を差すというか、丸め込んじゃう。
トニ　言っているときに、「これに対してどうやって返したらウケるかな」とか、何か違うことを考えている。
水島　そうですよね。次に言うべきことを考えながら聴いていますよね。どうやったらウケるかというのもあるし、自分が賢く見えることをちゃんと言えるかしらとか、相手が喜ぶことを言えるかしらとか、考えながら聴きますよね。これもすごく多いですね。あと何かありますか。
よしこ　賛成しなければいけないと思いながら、どうやって賛成しようかなと。本当は反対意見かもしれないのに、「そうよね」って言う準備を一生懸命タイミングをはかっている……、そういうときもあります。

水島　さっきのトニさんのに近いですよね。このあと、どう言うか、みたいなもの。本当は反対なんだけれども、相手の気分を害さないように賛成しなきゃと。
よしこ　嫌われたくないとか。
水島　賛成をどうやって表明しようというような感じですよね。そういうのもありますよね。
なつよ　私は主婦で、子どもたちと接する生活をしているんですけれども、子どもが聴いてほしいということでいろいろと言ってきたときに、その子どもに対して自分がしてもらいたいことが頭にいっぱいある場合、いつの間にか聴いていないで、ああしなさい、こうしなさいって命令している自分がいますね。娘に「ママはいつも私の言うことを聴いてくれない」としょんぼりとされることがあるんですよね。
水島　やっぱり子どもはこうすべきだというようなことを考えているということですよね。ありがとうございます。

✤過去のデータベースや未来を通して現在を見ない

水島　さて、そろそろまとめに入ってもいいですか。言いたいことはいっぱいありますよね。これは、やり始めると一晩でも続けることができるんですけれども（笑）、それくらいに毎日やっていることなんですね。

今いろいろ言っていただいたことは、それぞれテーマが違いましたが、まとめていくことができるのでちょっとお話をしていきます。今言っていただいたことのほとんどすべてが、頭が過去に行ってしまっているというような話なんですね。何を言っているか、わからなくてもいいです。今から説明しますので。

ごく一部は未来に行っているようなのもありました。未来と過去は実は同じものを意味するのですが、今のところは、普通に言うところの過去と未来ということで結構です。未来に行っていたという話のほうがわかりやすいかもしれないので、そちらからいきましょう。最初のトニさんの話ですよね。「あの仕事やらなきゃいけないのに」「あれはいつまでに終わらせなきゃいけないのに」ということを考えながら今の話を聴いているというので、これは完全に未来を通して今の話を聴いていますよね。頭が未来に行ってしまっていて、やらなければいけないことを考えながら聴いている、と。

ただ、これは実は過去の話でもあるんですね。過去の話とはどういうことかというと、私たちが過去からずっと積み重ねてつくってきているデータベースが毎日の生活の中にありますよね。頭が過去に行っているというのは、過去のデータベースを通して現在を見ているということなんです。例えば人の話を聴いて評価を下したというテーマが今いろいろありましたよね。

「これは違うんじゃないの」とか、あるいは「子どもはこうすべきだ」というようなこと。そういうものは自分が持っているデータベースを通して相手の話を聴くので、そういう話にしか聞こえないわけですね。

また、仕事の段取りの話もありましたが、それも「仕事を締め切りまでにちゃんとやらないと大変なことになる」「自分の評価が下がる」などというデータベースを持っているわけです。ですから未来も過去も実は同じだということなんです。そしてそれを通して現在の話を聴いてしまうということにもなります。「この人、いつも同じ話」というデータベースを持っている場合、それを通して聴くと「ああ、またこの話だ」みたいなことになりますね。

嫌われたくないというのもありましたよね。つまり、「この話には反対かもしれないんだけど、賛成しなくちゃ」というのは、嫌われるのはまずいことだ、惨めなことだという過去のデータベースがあって聴いているんですね。このあとにウケることが言えるだろうか、嫌われないような反応ができるだろうかというような、未来から現在を聴いているみたいな感じになりますね。いずれにしても今皆さまに言っていただいたことは、頭が過去に行ってしまっているか未来に行ってしまっているか、どちらかのときに、私たちは相手の話以外のことを同時に聴いている、という構造になるわけです。わかりましたか。

なんで今、こういうふうに過去や未来にこじつけたかというと、こうするとすごく現在に戻りやすくなるからなのです。例えば、「あの人はいつも同じ話だから」「あの人は○○だから」みたいなところでやっていると、相手が変わらない限り、相手の話に集中して聴けないんですね。「だって、あの人いつも同じ話をするんだもん」というところに止まってしまいます。でも、自分の頭が過去に行ってしまっているんだとか、未来に行ってしまっているんだというふうに考えれば、単に現在に戻ってくるだけでいいので、相手が変わらなくても自分の聴く姿勢を変えることができるわけなんです。

アティテューディナル・ヒーリング全体が、相手が変わらなくても自分でできることをやっていくものですから、聴き方一つとっても、今みたいに「過去なんだな」とか「未来なんだな」と思うことによって、ずいぶん変えることができるものです。そんなのできるのかなと今は思っているかもしれませんが、今日の午後からさっそくそのトレーニングを始めますので、皆さん必ずできるようになると思います。「この人はまたこういう話をするから」とか、「この人、間違っているんだよな」などと思ったときには、単に「違う違う、またデータベースのほうに行っちゃった」と思って、「現在、現在」と言って戻ってくればいいだけのことなんです。そういうふうに言われてちょっとわかりますか。まず今の時点では頭でわかっていただければ結構です。実際の練習は今日の午後から始めますので、そういうふうに振り返っていただければと思います。

ガイドラインの文章に戻ってください。②です。「グループの中では『聴くこと』に意識を集中します」というのはまさに今のような話です。「開かれたこころで人の話を聴くこと」というのもそういう意味です。過去のデータベースを通して聴くのではなくて、開かれたこころで聴くということです。

つまり、私たちは日ごろ過去のデータベースというフィルターを通して現在を見てしまっているので、いつも靄《もや》がかかった状態でしか見えていなかったり、過去のデータベースという雑音がガーガー鳴っている中で現在の音を聴こうとしているので、たぶん現在の音なんて聴いたことがないかもしれないという感じですよね。開かれたこころで人の話を聴くというのは、まさに雑音を静めて聴くということ、現在の音だけを聴くということなのです。

「お互いに支え合うこと」というのは、みんなでそういう聴き方をするという意味です。そのあとの「評価を下さずに人の話を聴き」というのは過去のデータベースを手放して聴くということですから、今まで話してきたとおりのことですよね。そこまではよろしいですよね。

✿自分に対する評価を手放す

水島　そのあとに「自分の話をすることを実践します」と書いてあります。これがアティテユーディナル・ヒーリングのもう一つのポイントで、「人」が出てくるときには必ずセットで「自分」が出てきます。これはどんなときでもそうです。他人の話をするときは自分の話が出てきます。こういうふうに書き分けてあるときもあれば、「すべての人が」とか「一人ひとりが」というふうに書いてあることもあって、そういうときにも必ず「自分」がそこに入っているということを忘れないでいただきたいんですね。

つまり、評価を下さずに人の話を聴くのであれば、評価を下さずに自分の話も聴くということになります。自分の場合には「話す」ということになりますから、評価を下さずに自分の話をするというふうになるわけです。この「他人が出てくるときには、自分もセットで」ということを忘れてしまうとどうなるかというと、だんだんつらくなってきます。人の話を聴くときは一生懸命、「評価を手放して聴かなくちゃ」とやるんだけれども、自分が話すときは「ちゃんと格好よくしゃべらなくちゃ」「賢く見えるようにしゃべらなくちゃ」というふうにやっていると、すごくつらくなるんですね。ただの「いい人ぶりっこ」みたいな感じになってきて、つらくなってきます。

アティテューディナル・ヒーリングは正しく理解して実践している限り、つらくなることはあり得ない構造になっています。つらくなってきたときには、それはアティテューディナル・ヒーリングが合わないという意味でもなく、また自分がだめだという意味でもなく、単にどこか読み違えたり読み落としたりしているということなのです。

例えば今のところでいえば、「自分」というほうをだいたいみんな読み落とすのでつらくなってきます。ですから、これからもやっていてつらくなってきたときには、アティテューディナル・ヒーリングが合わないと思うのではなくて、絶対どこか読み落としているんだというふうに思って、もう一回読んでいただきたいので、そのために今、読み落としがないように細かく読み込んでおります。そういう意味なんです。

評価を下さずに人の話を聴くということと評価を下さずに自分の話をするということはどちらも一生懸命やっていただきたいことなのですが、とくに自分のほうが難しいんですね。皆さんも近い将来、評価を下さずに人の話を聴くことはできるようになります。でも自分のほうはたぶん、なかなかできるようになりません。それほど私たちは自分に評価を下しながら生きています。今こんな話をしていても、必ず今日の午後のグループで一人は「まとまらないと思うんですけど」なんて言いながら話し始める方が絶対に出現します（笑）。今皆さん笑っていますが、絶対出てきます。それほど自分に評価を下しながら話すということが身についてしまっているので、ますます自分への評価を手放すように意識しなければならないということですよね。

よろしいでしょうか。②は六割方理解していただけましたか。ご質問があったらいつでもしてくださいね。それこそ自分に評価を下さずに、「こんな質問をしたらばかだと思われるんじゃないか」などと思わないで質問をするところから始めていただきたいと思います。

ガイドライン―③

グループに参加するのは自分を癒すためであり、人にアドバイスをしたり、人の信念や行動を変えたりするためではありません。

水島　では③を、もとはるさん、お願いします。

もとはる　**③グループに参加するのは自分を癒すためであり、人にアドバイスをしたり、人の信念や行動を変えたりするためではありません。**

水島　ありがとうございます。①の目的から考えれば、③はそのとおりなんですよね。自分のこころの平和の選択のためにグループに参加しているのだから、人のためにいるのではないというのはそのとおりなんです。でも、ここに「アドバイス」という言葉が入っているので、ちょっと一緒に考えてみましょう。

✿アドバイスによって傷つくとき

水島　アティテューディナル・ヒーリングの環境では、アドバイスはしないでいただきたいのです。その理由は二つありますが、二つ目は別のガイドラインでご説明します。今ここでは一つ目の理由、「自分が何かを言ったらアドバイスされるような環境が危険になりうる、自分がそれによって傷つくことがある」という観点をちょっと考えていただきましょう。自分が何かを話してアドバイスが返ってくることで傷つくということがピンとくる方、どのくらいいらっしゃいますか。（何名か手が挙がる）

よしこ　今、私、家族を亡くして一人暮らしをしているんですが、近所の人たちがいろいろアドバイスをしてくださるんですね。最初は親切だと思ったんですが、それが親切を通り越してグサッとくるようなときがあるんです。「なんでこんなことを言われなきゃいけないんだろう」というふうな。今私が一人で自分の気持ちを整理したいと思っていても、ワーッと土足で上がってこられるような。そのときに、私がやっていることはいけないんだ、アドバイスなのに批判されているように感じたり、せっかくのアドバイスを素直に受けられない自分がいけないんじゃないかとか、気持ちがズタズタになるようなことがあるんですね。自宅に帰るのが怖くなってしまって、帰っても電気をつけられなかったり、本当に精神的にスポイルされているような気がしたり、そういうことがありました。

水島　ありがとうございます。ほかにピンとくると言った方、いかがですか。

トニ　私は今、シングルマザーなんですけど、結婚していたときに、いわゆる暴力があったんです。これは暴力なのか、愛なのかというのがわからない状態のときに、だれかに聴いてほしかったんです。どうしたらいいかわからなかっただけで、別に暴力なのかどうかを判断してほしかったわけではないんです。それなのに「それはあなたの愛情が足りないから、そういうことをされるんじゃないの」とか、「うらやましい、そんなにかわいがってもらえて」みたいなことを言われたこともありました。別れてからも、「一緒にいたほうがよかったんじゃないの」「子どもがかわいそうなんじゃないの」とか、「もっとまじめに生きたほうがいいんじゃないか」というようなことまで。例えば自分の健康のためにジムに通っていると、「シングルマザーのくせに」「そんなお金よくあって、気楽でいいわね」と言われたり。「ええよな、気楽で」と言われることがよくあって。

水島　ありがとうございます。お二人のお話でもそうなんですけど、アドバイスって、「現状がよくないから変える」というのが基本的な構造ですよね。ですから、現状否定というのがそこにありますよね。お二人とも傷ついていらっしゃるのはそういうことですよね。自分なりに努力して生きているのに、そこを否定して、「これはよくないからこっちに変えなさいよ」

というメッセージを受け取っているということなのです。皆さんも思い出してみれば、何かアドバイスされて傷ついた経験が実は一回はあると思います。そのアドバイス自体が悪かったのかもしれませんが、実はアドバイスには、現状はよくないという評価を前提にして下されるもの、という性質があるのです。アティテューディナル・ヒーリングではこころを開いて話そうとするわけですから、現状を否定されるというのはかなり傷になることがありますね。それがアドバイスをしないでいただきたい一つの理由です。

それから、おっしゃっていただいたように、「こんなに言われているのにできない自分は」と感じることが多いのですが、アドバイスには「そんなの言われなくてもわかっている」というタイプのものも結構多くて、「それができないから苦労しているんじゃないの」という気持ちになりますよね。そうすると、できていない自分に対する罪悪感がもっと強くなるような気になるものです。それもアドバイスのつらさだと思いますから、とくにこころを開いてそれぞれのプロセスを尊重していこうとするアティテューディナル・ヒーリングの場では、アドバイスは本当にしないでいただきたいのです。これはルールに近いガイドラインになりますので、皆さん、よろしいでしょうか。

アティテューディナル・ヒーリングの環境の中での話ですから、ここを出たあとに皆さんがどう行動されようと、それはご自由です。アドバイスが必要な環境では、どうぞなさってください。

ガイドライン―④

自分自身の体験に基づいて話をします。自分の感情を思い切ってさらけ出すことによって、お互いの中に共通の体験を見出し、人とのつながりを感じやすくなります。

水島　それでは、④をお願いします。

よしこ　**④自分自身の体験に基づいて話をします。自分の感情を思い切ってさらけ出すことによって、お互いの中に共通の体験を見出し、人とのつながりを感じやすくなります。**

水島　ありがとうございます。④のガイドラインでは、一つ目の文章だけがお願いしたいことです。ご自分の話をしてくださいというのはぜひお願いしたいところです。主語を「私」にして、「私にはこういうことがあって、こう思っている」というご自分の気持ちを話していただきたいんです。ですから、ここでは心理学の学説や、どこぞのセミナーでのことや、世間様はこう考えているという話をするのではなくて、ご自分の気持ちの話をしていただくということになります。

そこまではお願いなんですが、二つ目の文章はお願いではなくて、ただの比例の法則です。つまり、自分の感情をさらけ出せば出すほどつながりを感じやすくなりますということが書いてあるだけで、さらけ出してくださいとは書いてありません。これもぜひ忘れないでいただきたいと思います。どれくらいさらけ出すかというのは、ご自分で選んでください。今日の午後のグループでも、「せっかく一日つぶしてきたんだから、もらえるものは全てもらって帰ろう」と思うのであれば、いっぱいさらけ出せば、たぶんいっぱいつながりを感じて帰れると思います。また、「今日は初めてだし、まずはこれぐらいでお試しで」と思うのであれば、ちょっとだけさらけ出していただければいいと思います。

また、いっぱいさらけ出したときとそうではないときのつながりの感じ方の違いは、見ていらっしゃるほかの方にもわかっていただけると思います。それを言っているだけのことなので、さらけ出せとは書いてありません。ですから、何かを強制されているようには感じないでいただきたいと思います。よろしいですか。

ガイドライン─⑤

自分を含めてグループの一人ひとりをかけがえのない存在として尊重します。大切なのは一人ひとりのプロセスであり、それを自分がどう評価するかということではないと認めます。

水島　では、⑤をお願いします。

うぶかた　**⑤自分を含めてグループの一人ひとりをかけがえのない存在として尊重します。大切なのは一人ひとりのプロセスであり、それを自分がどう評価するかということではないと認めます。**

水島　ありがとうございます。これを今、さらりと読んで、皆さん、そのとおりだと思いますよね。「異議あり」という人はいないですよね。これはさらりと読んでしまうとどうということのないガイドラインなんですが、実は実践するのがいちばん難しいガイドラインだと思います。

一つ目の文章はいいんです。「自分を含めてグループの一人ひとりをかけがえのない存在として尊重します」というのは概念ですから。問題は二つ目です。「大切なのは一人ひとりのプロセスであり、それを自分がどう評価するかということではないと認めます」ということを実践するのは実は結構難しいのです。例えばグループの中でだれかがすごくつらそうな話をしたとき、「本当につらそうで、かわいそうで、つらすぎるから早く楽になってほしい」などと思いますよね。そう思うことが実は自分が相手のプロセスに対して下している評価なんだということに気がついてください、というのがこのガイドラインなんです。

相手にとってはもしかしたらつらすぎないかもしれないし、また、相手はまだしばらくそこにいる必要があるかもしないし、そんなことはわからないですよね。それを「つらすぎるから早く楽になるべきだ」というふうに思うのは単に自分が下している評価にすぎないということに気がつきましょう、というガイドラインなんですね。人間ですから、それを全部手放すのはなかなかできないと思います。でも、この次につらい人の話を聴いて、「ああ、もうつらすぎる」「早く楽になって」などと思ったときに「あ、これは自分が下している評価なんだな」という視点を持っていただくだけでも、だいぶ違うと思います。

人のプロセスを評価するというのは、そのうちやめることができるようになります。トレーニングをしていくと、近い将来、評価を意識して手放していくことはできるんですが、もっと難しいのは自分なんですね。自分のプロセスに評価を下してしまうというのは、なかなか手放せないものです。

例えばアティテューディナル・ヒーリングにしばらく通ってこられる方の中には時々、怖れを手放すのが妙にうまい方がいらっしゃいます。「今まで私は○○がゆるせなくて死にそうだったけど、もう全部手放すことができて本当に幸せで、身もこころも軽いです」というような人が時々発生するんです。そうすると、ほかの人たちは、「えっ、あの人、あんなにつらい目に遭ったのに。私のほうがつらくないはずなのに、それをまだゆるせないなんて、私ってこころが狭いのかしら」「執念深いのかしら」「人間としておかしいんじゃないか」などと、いろいろ考え始めるんです。それはすべて自分のプロセスに対して下している評価なんですね。

自分はまだこれぐらいのところで何度もぐずぐずしている必要があるかもしれなくて、それが自分のプロセスなわけですから、早いとか、遅いとか、しつこいとか、そういう評価を下すべき筋合いのものではないということがここに書かれているのです。でもやっぱり自分のプロセスにはどうしても評価を下してしまいますね。ですから、「一人ひとり」という中には自分も入っているということを読み落とさずに、ぜひ忘れないでいていただきたいのです。難しいのでますます頑張りましょうというような感じですね。よろしいですか。

ガイドライン―⑥

それぞれの人が自分のこころの声に耳を澄ますことができるよう、お互いに支え合います。

水島　それでは、⑥をお願いします。

トニ　**⑥それぞれの人が自分のこころの声に耳を澄ますことができるよう、お互いに支え合います。**

水島　ありがとうございます。これがさっきアドバイスしないでほしいと言ったもう一つの理由にかかわるガイドラインです。③のガイドライン（36ページ）の裏側みたいなものです。今の時点で、「皆さん、こころの声ってどういう意味かわかりますか」と聞かれて答えられますか。あまりわからないですよね。「こんなことしたら嫌われるんじゃないかしら」とか、「こういうのは世間ではよくないと言われている」というような「頭の声」なら毎日何種類も聞こえていますが、こころの声というのはその頭の声が全て静かになったときに聞こえてくる本当の声みたいなものですから、頭の声のように何種類もあったりしないいんですね。

今の時点でこころの声を聴いたことがないという方が多くても全然不思議はありません。さっき言ったように、私たちはいつも過去のデータベースや未来の雑音をガチャガチャ聞きながら暮らしているので、それが全部静かになったときに聞こえてくる本当の声なんて聴いたことがないとしても、不思議ではありません。一回か二回は聴いたことがあるかもしれませんが。

この⑥の後半に「お互いに支え合います」と書いてあります。どうやって支え合うかというと、「こころの声を聴いてごらんよ」とアドバイスするという意味ではありません（笑）。アドバイスした瞬間に一つの雑音になってしまいますからね。アドバイスなどしないで、みんなでこのガイドラインを守って雑音を消せるような環境を協力してつくっていくことによって、それぞれが自分のこころの声を聴けるようにしていく、というのがアティテューディナル・ヒーリングのプロセスです。これがアドバイスをしないでいただきたいもう一つの理由です。アドバイスは単なる一つの雑音になってしまいますので、雑音をみんなで静めようとしているときに新しい雑音をつくらないでくださいという意味です。ピンときましたか。

ガイドライン―⑦

生徒と教師の役割は入れ替わるものです。年齢や経験に関係なく、生徒になったり教師になったりします。

水島　次に、⑦をお願いします。

かおる　**⑦生徒と教師の役割は入れ替わるものです。年齢や経験に関係なく、生徒になったり教師になったりします。**

水島　ありがとうございます。これを読んでどういう意味だと思いましたか。ちんぷんかんぷんですか。なんでも言ってみてください。

まゆみ　ここでは、やっぱり先生は水島さんというふうに思っていますが、それが逆転するということ……ですか。

水島　これを読んで、日本人にありがちな解釈をしてみましょう。例えば今の私は先生役をやっていますよね。「そうやって先生役をしていばってばかりいないで、ちゃんと謙虚になって、人の意見にも耳を傾けなさい」というような意味にとりましたか。例えば年長者だったら、「年長者だからといっていばっていないで、若者の意見も聴きなさいよ」というような。日本人はそう読むことが多いかなと思いますけれども。

もしもそう読んだとしたら、あまり気分はよくないですよね。私も「いばってばかりいないで、ちゃんとみんなの意見にも耳を傾けて」などと言われると、あまり気分がよくないです。なぜかというと、「あんた、いばりすぎよ」と言われているように聞こえるからですね。あまり気分がよくないとしたら、さっき言ったように読み間違いなんです。アティテューディナル・ヒーリングでは、読んでいて気分が悪くなることというのはあり得ないので、気分が悪いときは読み間違えていると思ってください。今から正しい読み方をお知らせしましょう。

✤「怖れの綱引き」から手を離す

水島　社会的に先生役をやっている人というのはいろいろいますよね。例えば、今この場であれば、たしかに私が先生役なんでしょうし、学校の先生、医者、公務員など、サービス提供側というのは基本的に先生役ですよね。親子であれば親が先生です。つまり常に正しくあることが求められている人たちというのが基本的に先生です。

それでうまくいっているうちはいいんです。だいたいの時間、うまくいっていますよね。うまくいっているし、教わる人も教わりたいものを教わっているし、別にかまわないんですが、先生が先生であり続けるとつらくなるときがきます。どういうときかというと、先生も人間ですから、過ちを犯してしまったとき、失敗したときですね。正しくあらなければいけない人が失敗をするというと、これは大変なことです。そうすると、こころが大変なことになりますし、そういうときにどんな行動をとるかというと、よくあるのがまず隠蔽《いんぺい》をする、なかったことにするということです。

隠蔽がうまくいかないとなると、次は相手のせいにする。なぜかというと、自分が正しくあり続けるためにはそうしないとだめだからです。例えば学校のいじめで、学校側は「いじめはなかった」とまず言いますね。正しくなければいけないはずの学校で正しくないことが起こってしまったわけですから、まずいじめはなかったことにするんです。それでもどうも事実だということがわかってくると、今度は「いや、もともとあの生徒は日ごろから素行が悪くて」というように、「あの子にも問題があるんです」というふうにして、相手のせいにするというのが始まります。

実はそういうのも全部、正しくなければいけない人が正しくあり続けるためにやっている反応パターンなわけですよね。これはまわりにとってもとんでもない迷惑ですし、本人もこころの中は大変な状態です。正しくあり続けなければいけないという怖れにしがみついているとそういうことになるんだなという話ですね。

このガイドラインが述べているのは、「先生役を続けていてつらくなったときは生徒になりましょう」という非常に簡単なことです。それはどういうことかというと、別に先生として辞表を出して学生になるという意味ではありません。アティテューディナル・ヒーリングは全てこころの中ですむ話ですから、こころの中で生徒になればいいんですね。例えば先生としてはとんでもない失敗、生きていけないくらいの失敗と思うようなことであって、生徒としてこれを見るとどうだろう、自分はここから何を学べるんだろう、こんなに大変なことだけれども、乗り越えたときには自分は今よりもどう成長しているんだろうなどと考えるだけで、見え方がだいぶ変わりますよね。

隠蔽などではなく、むしろ自分の成長のためにこの状況を使おうというような気持ちになると思うので、そうやって見え方が変わるだけでもずいぶん違うと思います。また、さらに行動にあらわすのもいいですね。どういうふうにするかというと、「困っています」「助けてくださ い」「教えてください」ということを表現するのです。

クレーム対応をしている方でアティテューディナル・ヒーリングが役に立つという方がおられます。クレーム対応というのは基本的に先生役なんですね。クレームをつけてくる人に対して、「いや、そういうことではなくて、これはですね、お客様」というようなことを言うわけですが、それをやっている限り、相手はどんどん頭にくるんです。すごいことになってきますよね。

そこでさっさと生徒になってしまう。どうやるかというと、「おっしゃっていること、一理あると思いますから、もうちょっとよく教えていただけますか」とか、「それをぜひ生かしていきたいので、詳しく教えてください」というふうに言うのです。そうすると、言われたほうも嫌な気はしないですよね。「そうかい」なんて言ってよく教えてくれて、最後には「さっきはちょっときつく言いすぎたね」などと言いながら帰っていかれる。これはまさに「怖れの綱引き」から手を離すということなんですね。

「私が正しい」「いや、私こそが」みたいに綱引きをやっていると、どんどんすごくなってくるんですが、「正しさ」という怖れの綱引きから手を離してしまうと、相手も綱引きを続けられないので力が抜けて優しくなっていく、というような現象が起こるのです。親子もそうですよね。親が権威を振りかざして、「こうすべきだ」「子どもはこうあるべきだ」とやっている限り、子どもはものすごく反抗します。でも子どもって、親からの「助けて」とか「教えて」とかいうメッセージにすごく優しいですよね。ここまで優しいかと思うくらいに助けてくれたりするものなので、先生役をやり続けて「怖れの綱引きに入ったな」と思ったときは、サッと手を離してしまう。そうするとすごく楽になるということが体験できると思います。

これのいちばんの天才はアティテューディナル・ヒーリングの創始者のジェリー・ジャンポルスキーです。ジェリーは講演をさせればうまいし、本を書かせればベストセラー作家だしということで、そのへんはとても得意なんですが、ファシリテーターとしての能力は決して高くありません。ジェリーがグループを始めると、ジェリーみずからアドバイスを始めてしまうし、グループがぐちゃぐちゃになっちゃうんです。アドバイスの応酬みたいなのが始まったりして、とてもアティテューディナル・ヒーリングのグループではなくなってしまいます。

そうなったときにジェリーはどうするかというと、先生にはならないんですね。先生役をやるとしたら、「君、アドバイスはやめなさい」とか、「君、ガイドラインを破っているよ」という態度をとりますよね。ジェリーはそれをしないんです。どうするかというと、「助けてくれー」となるんですね。「私のこころが全然平和でなくなってしまった。私がこころを平和にするために、みんな、一分間目をつぶって静寂のときを持ってくれないか」ということを皆さんにお願いするんです。みんな一分間も目をつぶって静かにしていれば、「そういえば、今日はここにアティテューディナル・ヒーリングのために来ていたんだったな」ということを思い出しますので、リセットされてグループを続けていくことができます。

そういうときに先生としてそこに入っていくと、ますますぐちゃぐちゃになりますが、さっさと自分が生徒になってしまうことで乗り越えていくというのはジェリーはとても上手です。ですから、皆さんもどうぞご自分のキャラクターに合わせて、先生役で難しいなと思ったときは生徒になっていただければと思います。

✤「生徒役」でいてつらくなるとき

水島　今度は逆に、生徒でいるとつらくなるときってどういうときですか。

トニ　先生があまりにも頼りないとき。

水島　そうですよね。先生がちゃんとしていないと、つらいですよね。生徒役でいてつらくなったら、自分が先生役になるときなんですね。でも、「あなたはだめよ、私のほうが」とやるとまた怖れの綱引きに入ってしまいますよね。頼りない先生というのは自分の正しさを証明しようとして必死になっていますから、そういう人に「あなた、だめよ」と言うとぐちゃぐちゃになります。そうではなくて、自分が生徒役ではなくて先生役になって、こころの平和のために自分は何を教えられるだろうかと考えると、どうですか、トニさん、その状況で自分が教えられることは。

トニ　……、わからないですね。

水島　例えば、頼りない先生はなんでそうやって正しくあろうとして必死かというと、自分がちゃんとしていないと攻撃されると思っているわけですよね。そういうときにトニさんが静かに、すごく平和にそこにいてあげるだけでも、「ちょっとぐらい失敗しても大丈夫よ」ということを教えてあげているようなことになりますよね。ですから、ただ平和にそこにいてあげるだけでもいいかもしれないですよね。それがいつまでも生徒役のところにしがみついていると、「あんた、先生なんだからしっかりしなさいよ」という気持ちになって、どんどん平和じゃなくなってきます。自分もそこに主体的に参加しているんだという気持ちになるとすごく楽になったり、一緒につくり上げているんだと思ったり、いろいろ教えられることってありますよね。

ほかにも何かどうですか。生徒役でいてつらくなるとき、何か今、思い当たりますか。

かおる　今の話を聞いて思ったんですけど、学生のときって、いつも先生に対して評価していましたね、教え方が悪いとか。自分は主体的に参加しているわけではないのに生徒だからゆるされるという気持ちがあって、いつもその先生の悪口を言っていたことを思い出しました。

水島　そうしていると、あまりこころが平和にならないんですよね。すばらしいことを思い出してくださいましたね。私も今、ガイドラインがいっそう、納得できた感じがしました。

今、いくつかの例を挙げましたが、皆さん、これからもつらくなったときは「あれ、今は先生役をやっていてつらくなったのかな」「生徒役をやっていてつらくなったのかな」というふうに見て、役を変えるだけでもずいぶん見え方が変わります。そういうふうに考えられると結構楽になるんじゃないかなと思うので、このガイドラインもおもしろいですよね。六割方、理解できましたか。

ガイドライン—⑧

「ランプのかさではなく、光だけを見る」ようにし、相手に自分のこころを完全に向けることができるよう実践します。それぞれの人を全体として見て、外見、気分、行動、そのときの状況で判断しないようにします。

水島　では、次の⑧をお願いします。

めぐみ　⑧「ランプのかさではなく、光だけを見る」ようにし、相手に自分のこころを完全に向けることができるよう実践します。それぞれの人を全体として見て、外見、気分、行動、そのときの状況で判断しないようにします。

水島　ありがとうございます。このガイドラインは頭でやろうとしてもできないので、午後のグループのときに戻ってきたいと思います。ここでは言葉のわかりにくいところだけご説明しておきましょう。

「ランプのかさ」というのが出てきますが、皆さん、ランプのかさってご存じですか。最近はランプシェードと呼ばれることのほうが多いのかもしれませんが、電気がかぶっている帽子みたいなのがランプのかさです。ランプのかさはそんなにしょっちゅうお手入れするものじゃないので、よくよく見ると結構汚いんです。糸がほつれていたり、しみがついていたり、ほこりが積もっていたり。でもそういうところばかり見ていると、「このランプ、糸もほつれているし、しみがついているし、色もあせているし、どうしようもない最低のランプだな」という気になってくるんです。

でもちょっと考えてみると、ランプは部屋を明るくするためにあるわけですね。ちゃんと役割を果たしているわけですから、かさの糸がほつれているなんていうことはどうでもいいことなんですよね。

実はそれと同じことを私たちは人に対してもやっていて、「あの人の洋服、シワシワ」とか、「あんな言葉遣いして」とか、「今日はあんなに機嫌が悪くて」などと、ランプのかさみたいなところばかり見てしまいがちです。その人の本質は別のところにあるのだから、その本質のほうを見ていきましょう、というのがこのガイドラインなんです。これは頭でやってもなかなかできません。

皆さんも小さいころから、「どんなに嫌な人にも必ず一つはいいところがあるから、それを見つけてごらん」なんて言われながら育ってきて、そうやって意識すればするほど嫌いになったりとか、そういう経験をされてきたと思うんですけれども（笑）。頭でやろうとするとかえってできないので、これは午後のグループで、こころでやっていただきましょう。ですから、しばらく忘れていてください。いいですか。

ガイドライン——⑨

平和と葛藤のどちらを選ぶか、怖れにとらわれるか手放すかは、常に自分で選択できることをいつもこころに留めておきます。

水島　では、⑨をお願いします。

英長　**⑨平和と葛藤のどちらを選ぶか、怖れにとらわれるか手放すかは、常に自分で選択できることをいつもこころに留めておきます。**

水島　ありがとうございます。「選択」ということについては、次の「中心となる考え方②」（86ページ）でよく説明したいと思います。ここで注目していただきたいのは、⑨の文章の終わり方が「常に自分で選択します」と書いてあるわけではないということです。「常に自分で選択できることをいつもこころに留めておきます」と書いてあるだけなので、選択してくださいと言っているガイドラインではないということも覚えておいてください。選択しろと言っているのではなく、選択できるということは覚えておいてくださいねというガイドラインです。これも読み間違えるとつらくなります。選択については、あとでまた説明します。

ガイドライン—⑩

グループで話したことは全て秘密厳守です。これは、グループを安全で信頼できる場にするために重要なことです。

水島　では、まなぶさん、⑩をお願いします。

まなぶ　**⑩グループで話したことは全て秘密厳守です。これは、グループを安全で信頼できる場にするために重要なことです。**

水島　ありがとうございます。この⑩はルールとして守っていただきたいことです。秘密を守るというのは、どこのグループでもだいたいそうだと思います。特にアティテューディナル・ヒーリングでは、「さらけ出せば出すほどつながります」とガイドラインに書いてあるわけですから、思い切ってさらけ出してみたら、次の日、町じゅうの人や職場じゅうの人が全部知っていたというようでは安全ではないですね。ガイドラインのいちばんの目的は安全な環境をつくるということですから、どうぞ皆さま、グループのお話はグループの中だけというふうにしてください。

以上で、①から⑩まで、アティテューディナル・ヒーリング・グループのガイドラインをくわしく見てまいりましたが、何かご質問はありますか。よろしいですか。今日、このガイドラインは守りたくないというのはなかったですか。できるかどうかわからないけど、できるだけやっていこう、という感じで進めていってよろしいですか。ありがとうございました。

ここでちょっと短い休憩をとりますので、どうぞお休みになってください。

アティテューディナル・ヒーリング・グループのガイドライン（指針）

以下のガイドラインは、グループが機能するための枠組みとして考えられたものです。

① グループの目的は、こころの平和の選択を実践することです。

② グループの中では、「聴くこと」に意識を集中します。開かれたこころで人の話を聴くことや、お互いに支え合うこと、評価を下さずに人の話を聴き自分の話をすることを実践します。

③ グループに参加するのは自分を癒すためであり、人にアドバイスをしたり、人の信念や行動を変えたりするためではありません。

④ 自分自身の体験に基づいて話をします。自分の感情を思い切ってさらけ出すことによって、お互いの中に共通の体験を見出し、人とのつながりを感じやすくなります。

⑤ 自分を含めてグループの一人ひとりをかけがえのない存在として尊重します。大切なのは一人ひとりのプロセスであり、それを自分がどう評価するかということではないと認めます。

⑥ それぞれの人が自分のこころの声に耳を澄ますことができるよう、お互いに支え合います。

⑦ 生徒と教師の役割は入れ替わるものです。年齢や経験に関係なく、生徒になったり教師になったりします。

⑧ 「ランプのかさではなく、光だけを見る」ようにし、相手に自分のこころを完全に向けることができるよう実践します。それぞれの人を全体として見て、外見、気分、行動、そのときの状況で判断しないようにします。

⑨ 平和と葛藤のどちらを選ぶか、怖れにとらわれるか手放すかは、常に自分で選択できることをいつもこころに留めておきます。

⑩ グループで話したことは全て秘密厳守です。これは、グループを安全で信頼できる場にするために重要なことです。

3

アティテューディナル・ヒーリングの中心となる考え方

水島　それでは皆さま、午前の後半ということで、次の「中心となる考え方」という紙（96ページ）を見てください。ここでアティテューディナル・ヒーリングの考え方を整理していきたいと思います。今からいろいろとお話をしていきますが、この時点ではまだそれを自分ができるかどうかということをいっさい考えないで聴いていてください。ああ、こういう考え方なんだなというふうにわかっていただければ十分です。どちらかというと、頭で理解していただくというような形になります。

中心となる考え方

「私たちの気分を悪くするのは他人や出来事そのものではない。それに対する自分のとらえ方である。とらえ方を決めるのは自分のこころの姿勢である」

アティテューディナル・ヒーリングとは「こころの姿勢」（アティテュード）を自ら選ぶことによる「癒し」（ヒーリング）のこと。健康は「こころの平和」と定義され、こころの平和を得るために「怖れ」を手放すプロセスがアティテューディナル・ヒーリングである。

水島　ではさっそく始めましょう。ひろみさん、「中心となる考え方」のタイトルから①の前まで読んでいただけますか。

ひろみ　**中心となる考え方。「私たちの気分を悪くするのは他人や出来事そのものではない。それに対する自分のとらえ方である。とらえ方を決めるのは自分のこころの姿勢である」**

アティテューディナル・ヒーリングとは「こころの姿勢」（アティテュード）を自ら選ぶことによる「癒し」（ヒーリング）のこと。健康は「こころの平和」と定義され、こころの平和を得るために「怖れ」を手放すプロセスがアティテューディナル・ヒーリングである。

自分が攻撃された場合は

水島　ありがとうございます。最初に書かれている、「私たちの気分を悪くするのは他人や出来事そのものではない。それに対する自分のとらえ方である」なんていうのは、別にここで初めて耳にするというものではなく、あちこちで言われていますよね。たぶん皆さんの中には、「君はどうして何ごともネガティブにとらえるんだ」などと言われながら生きてきた人もいると思うんです。

アティテューディナル・ヒーリングですから、そのレベルの話をしているわけではないので、ご説明をしていきたいと思います。今から少し想像力を使っていただきましょう。さっき私がガイドラインを読んだときに、最初に「ここに選択という言葉が入ることでどんな違いを感じますか」と言って、皆さんに答えていただきましたよね（21ページ）。あのときに、実際に答えた方でも、こころの中で答えていた方でもいいんですが、自分が答えてみたら、いきなり私が「えーっ、全然違いますよ」と言って怒った、という状況をちょっと考えてください。それまでニコニコしていて、「皆さん、どうぞなんでも」なんて言っていたので、ついつい答えてみたら「えーっ、全然違いますよ」と言って怒られたとしたら、自分はどう感じて、その結果、どういうふうに行動したでしょうか。想像力を使って考えてみてください。どうですか。

英長　恥をかかされて、反発的になりますね。

水島　何をしますか。

英長　反抗しますね。

水島　どういうふうに。

英長　それは違うんじゃないのと。

水島　反撃ですね。

英長　おかしいねと。先生、やっぱり間違っているよと。変なところに来ちゃったとか。

水島　ということを言いますね。ほかのパターンはどうですか。自分だったら。

めぐみ　また自分がやっちゃったというか、間違えていたんだって自分を責める。
水島　行動としてはどうなりますか。
めぐみ　とりあえず黙っては聴いているけれど、でもやっぱりすごく葛藤しながら一日を終わらせる。
水島　次に私が「どうですか、皆さん」と言ったときにはもう答えないですか。
めぐみ　絶対に答えない。
水島　ほかのパターンはどうですか。
トニ　「それで先生は私にそう言ったことでこころの平和を選択したんですか」と聞きます。
水島　そういう形で来ますね。
トニ　そういう形の反撃です。
水島　そういう反撃をしてきますね。ほかのパターンはありますか。
なつよ　私は反撃というよりも、自分が全否定されたことでこころが凍っちゃう感じがして、それ以上いろいろな話を聴いても、きっとこころに入ってこないと思います。
水島　かなり厚い壁みたいなものができて、何を言っても聞こえないみたいな感じですね。ほかのパターンはどうですか。
よしこ　今のなつよさんのことに続きがあるとしたら、私はそこまでこころが凍っちゃったら、途中で仮病を使って帰ってしまうかもしれない（笑）。

水島　ほかのパターンはありますか。

こーき　疑問に思いますね。なんでそんなことを言うんだろうと。ただそれだけです。

水島　行動はどうしますか。

こーき　頭の中で思って、行動としてはただ素直に聴いている。

水島　その後、例えば今日の午後とか、その疑問は回り続けますか。

こーき　それは間違いなく。

水島　今おっしゃった「疑問」というのは、どういう感じですか。ただ不思議なのともちょっと違いますよね。

こーき　何か裏があるのかなと。

水島　どうですか。皆さん、今のパターンのどれかに入っていますか。そんなところですか。ありがとうございます。

今皆さんが言ってくださったのはいずれも、生き物としてとても健康な反応だと思います。つまり、生き物というのは攻撃されたら反撃するか、逃げるかなんですよね。ライオンだってそうですよね。今日お話しいただいた中には明らかな反撃タイプ、つまり「あなた言っていることがおかしいんじゃないの」などと相手を攻撃する明らかな反撃もあれば、トニさんがおっしゃった「それでこころの平和になっているんですか」という質問の形の反撃もあります。

また、自己正当化という名の反撃もありますよね。「あなたが言えと言ったから言っているんですけど」というような。反撃タイプが半分ぐらいいらっしゃって、逃げるタイプのパターンも何人かいらっしゃいましたよね。途中で帰るという、本当に逃げた人もいるし、壁をつくるということで逃げたりとか、めぐみさんのように「またやっちゃった」と思って、その日は何を聞かれてももう答えないという形で逃げた人もいるし、という感じですよね。

質問がずっと回り続けた方というのは、とりあえず安全な距離に身をおきながら自分の疑問を考え続けたということでは一応逃げたということですよね。その場はとりあえずそうしておきながら疑問を考え続けたということだし、疑問がそのうち怒りに変わってくるかもしれないですよね。「やっぱりどう考えても、あの人、矛盾している」と怒りに変わってくると、もう反撃をしているような感じですね。今皆さん、そのいずれかのパターンに入ったということですから、攻撃されたときには反撃したか、逃げたか、どっちかということですね。ライオンでもやる普通の生き物としての普通の反応をされたので、生き物としてまだまだ健康でよかったですね、という感じでしょうか。

アティテューディナル・ヒーリングは別に、生き物としての当たり前の反応をどうこうしようとしているものではないんですが、ここで皆さんに押さえておいていただきたいことは、今、どの反応をした方であっても自分のこころが平和ではなかった、というところなのです。いかがですか。すごく正しそうに見えていた英長さんでさえ、「あなた、おかしいよ」と言っていながら、こころは平和じゃないですよね。（英長、うなずく）反撃というのは、どれほど自分が勝っていても決してこころは平和にならないし、逃げた方は壁をつくることで一見平和になっているように見えるけれども、質問にはもう答えられないという形で必ず自分に何か緊張を強いていています。あるいは夜になって今日のことを思い出したときに、決して平和なこころにならないですよね。「とんでもないところに行っちゃった」と思ったりして。どのパターンであってもこころが平和にならないということだけは押さえておいてください。よろしいでしょうか。

怒っている人は困っている人

水島　さて、今度は想像力その二です。今度は皆さん、私の立場に立ってください。今日一日、このワークショップのファシリテーターを自分一人でしなければいけない私です。四時には終わらなければいけない私です。その私の立場に立って考えてください。「どうですか、これはどういう違いがありますか」とコメントを求めたら何かが返ってきた。返ってきたコメントに対して「全然違いますよ」と言って怒ってしまった私はなんで怒ってしまったんだろうというのを、私の立場に立って考えていただきたいんです。つまり、私はわがままな人だとか、そういうことを聞きたいのではなくて、自分がその立場だとして、どうして自分はそう行動したんだろうと考えてみてください。

トニ　自分の中にあるアティテューディナル・ヒーリングという教科書にちょっと合わないような人が来ていてゆるせない、だから変えちゃいたいという気持ち。

水島　雰囲気を乱す人が紛れ込んでいるという感じですね。雰囲気を乱す人が紛れ込んでいると、私のワークショップはどうなるんですか。

トニ　自分が心地よくない。楽しくない。

水島　自分が楽しくなくなる。そうですよね。自分が楽しくなくなるし、ワークショップとしての質も落ちる感じですかね。ほかにはどうですか。なんでも想像してください。

ひろみ　ちゃんとワークショップをやりたいのに、それとは違う反応が返ってきて、それができなくなるという怖れから怒る。

水島　例えば、次はこっちに行くはずだったのに、違うコメントが返ってきちゃったので、行くはずだった方向に行けない、というような感じですか。

ひろみ　ちゃんとワークショップができないという怖れ。

水島　思ったとおりのワークショップができない。ほかにはどうですか。変な例でも、なんでも考えてほしいんですけど。

よしこ　一生懸命、思い入れを持ってやっているのにピント外れなことを言われてしまって、すごく腹が立ってしまう。怒りというのかしら。思い入れが強すぎて。

水島　その場合、一生懸命やっていたのに、その期待に応えないことを言われてしまったわけですよね。そうすると、私のその日、その後はどうなるでしょうか。

よしこ　不愉快。

水島　不愉快もそうですね。思い入れてやればこういうのが返ってくるという当然の期待があって、それが裏切られるということは、その日のその後のワークショップは。

トニ　自信がなくなっちゃう。

水島　これだけ思い入れがあるのに思ったとおりのことが返ってこなくなると、進め方がわからなくなりますよね。そういう感じですかね。

英長　自信がなくなるというより、不調和ですよね。

水島　不調和があるとどうなっちゃうんですか。

英長　バランスを欠きますからね。当然、発言とか、態度とか、雰囲気とか、変わってきちゃう。

水島　調和のとれたワークショップを進めたかったのに不調和になっちゃうという感じ。ほかに何かありませんか。

なつよ　これだけ大きなことを一つにまとめていくのには、自分の頭の中で順番というか、ある程度構想ができていると思うんです。それがずれてしまうと、予定どおりにだんだん行かなくなっていくことで、軌道修正しようと気持ちがあせる。だんだん自分のこころが乱れてきちゃうと思います。

水島　思っていたのと違うところが出てくるということですね。ほかに何か考えられますか。

めぐみ　おなかが痛くてトイレに行きたいとか、何か生理現象があるときで、早くこの場を終わらせたいのに時間をとられてしまったとか。

水島　おなかが痛くて、早くトイレに行きたくて、ここでサクッといい答えが返ってくれば終わらせてトイレに行けるのに、こんな違うことを言われちゃったから、そのフォローをしなきゃいけなくて、トイレに行く時間が遅くなっちゃう、そういう感じでいいですか。

トニ　それとか、実はその発言をしてくれた人が自分のよく知っている人で、そんなことを言われると思っていなくてむかついた、というようなことかもしれない。

水島　この人は仲間だから、ちゃんと自分の意を汲んで言ってくれるはずだったのに、全然違うことを言っている。その人に裏切られたという感じですかね。

ひろみ　出かけるときに夫婦げんかをして、もともと不機嫌な状態で点火しやすくなっていた。

水島　その場合って、もともと不機嫌だったけれども、そこまでは何とかにこやかにやっていたというのはぎりぎりやっていた、という感じでいいですか。普通だったらぎりぎりできたのに、ドカンとやられちゃったので、ついに耐えられなくなった、そんな感じですか。ありがとうございます。ほかに何かありますか。

よしこ　例えば昼休みの前っておなかがすいているから、早く終わって昼休みに入りたいのに横道にそれるような発言をされて、ムッとしたりとか。

水島　また昼の時間が遅くなっちゃうみたいな感じですよね。ありがとうございました。いろいろバラエティに富んだ例が出てきたので、そろそろまとめに入っていいですか。

今、本当にいろいろな状況を言っていただいたのですが、全部に共通して言えるのは、私が困った状況に立たされていた、ということだと思います。よろしいですか。それもほとんどのテーマが予定表狂いですよね。もうじきお昼になるはずだったのに時間が遅くなっちゃった、おなかが痛いからこうしてやりくりしてトイレに行くはずだったのに行かれなくなっちゃったとか。あとはワークショップの進め方にしても、そうですね。さっき皆さんが実際にやってくださったように、「主体性」ということが出てきたら「アティテューディナル・ヒーリングは主体性ですね」と行きたかったのに、全然違うものが出てきてしまってシナリオが狂ってしまう。私のよく知っている人がいて、この人だったらそういうことをよくわかっているから言ってくれるはずだったのに、全然違うことを言われて、「えっ、裏切られるはずじゃなかったのに」とか。どの状況でも、私が困った状況にいて、そのうえ予定表が狂ったというテーマだったというのはよろしいですか。

ご自分の過去の行状を思い出してください。人のことを感情的に怒ってしまったときとか、人にすごく批判的なことを言ってしまったときというのは、常に自分が困っていたときだったと思いませんか。すごく怒っていたのに、別に困ってはいなかったときなんてありましたか。ないですよね。親が子をしかるなんていうのも典型的な例で、「うちの子にはこういう人生を歩ませたい」と思っているときに全然違うことをやられちゃうと「せっかく考えてあげているのに」なんて怒りますね。上司が部下に「君、報告がないじゃないか」と怒るのは、逐一報告してくれていればちゃんと対処できるというシナリオだったのに、報告がなかったためにぐちゃぐちゃになってしまったときなどですね。恥をかかされるというのもそうですよね。ちゃんといい顔をしてやっていればいい顔で暮らしていけるはずだったのに、とんでもないところでボンと恥をかかされるようなことが起こるとめちゃくちゃ怒ってしまう。みんなそうですよね。ということで、「怒っている人は困っている人」ということでよろしいですか。ちょっと納得できましたか。違うんじゃないかというのがあったら、今言っていただきたいんですけど。大丈夫ですか。

相手が困っているということがわかると……

水島　今、「怒っている人は困っている人」というところまで来ました。次に、想像力その三です。私の胸のところに、こころが見える窓があるとします。そしてここに私の本心が出てきています。口では「あなた、全然違いますよ」と言って悪態をついているわけですが、ここには本心が出ていて、「あのね、私はここで『主体性』って言ってくれることを期待していて、そう言ってくれたら次にこう進むはずで、そうすると何分までにワークショップが終わって、すごくいい雰囲気になるはずだったんだけれども、違うことを言われて本当に困っているの、助けて」と出ていたとします。皆さんにはこっちが本心だとわかっていたとします。そういうのを見ると、どういうふうに感じて、結果としてどういうふうに行動すると思いますか。口ではワーワー悪態をついているけれども本心はこっちというのがわかっていて私を見たら。

トニ　おもしろい。

水島　おもしろいと思って、行動はどうなりますか。何もしないというのも含めて、どう行動しますか。

トニ　「先生も困っているんですね」と言う。

水島　「困っているんですね」と言いますか。「何かできますか」みたいな感じですか。ほかのパターンはどうですか。

なつよ　困っているということがわかれば、それに沿っていい形で進めてあげなきゃいけないなって、何か協力しなきゃいけないなと思います。いくら怒っていても、「そうか、大変なのね」という共感が出てきます。

水島　共感が出て、ちょっと協力してくれるみたいな感じですか。ほかのパターンはどうですか。

英長　それこそ、人間だものと感じる。矛盾があって当然というか、言葉は不適切かもしれないけど、かわいいなとか。

水島　ありがとうございます。ほかのパターンはありますか。

もとはる　かわいそうだなと思うかもしれないですね。しばらくちょっと様子を見て、もしかしたら助け船を出すか、出さないでそのままだれかが意見を言うのを待っていて流してしまうか、どっちかになると思います。

水島　かわいそうだなという感じで、何かできることがあったらできるかな、というような感じですかね。だいたいそんなパターンでしょうか。ご自分でしそうだなというのは今の中に入っていましたか。（皆、うなずく）ありがとうございます。

今、助けてくださった方もいれば、「大変なんですね」と言ってくれた人もいれば、「人間ですよね」みたいな人もいれば、ほかの人が助けるかなと思ってちょっと待っている人もいれば、というような感じでしたよね。ただ、いずれにしても、ここでまず見ていただきたいのは、ご自分のこころがすごく平和で無傷な状態だというところなのです。感じていただけますか。つまり、自分はとりあえず無事で、そこに困っている人がいて、「どうしようかな、助けようかな、だれか助けてくれるかな」と、そういう感じだというのは感じられますか。ご自分が傷ついたわけじゃないんですよね。

これが先ほどの、攻撃されたら反撃するか逃げるかみたいなときと全然違うところなのです。あのときは自分自身が傷ついていたというのがわかりますか。反撃して勝っているときでも自分はやっぱり傷ついているんですね。自分の問題になっているんですね。でも今みたいに見ていただくと、自分はとりあえず無傷で、目の前に困ってなんだかよくわからない行動をしている人がいて、その人のことをどうしてあげようかというふうに見えるということで、見え方が全然違うのは感じていただけますか。

この、自分のこころが平和で傷ついていないというところは、ぜひ覚えておいていただきたいんです。これが実はアティテューディナル・ヒーリングでの「とらえ方の違い」ということなのです。つまり最初のとらえ方は、攻撃された、さあ反撃するか逃げるかというところですし、今のとらえ方は「攻撃そのものがなかった」ということですね。ただ困った人が目の前で騒いでいるというだけの話なんですね。

ですから、自分は傷つかないということになります。これがいわゆる「前向き思考」と違うところで、いわゆる前向き思考は、攻撃は攻撃として認めているんです。「痛いけれども、私は大丈夫よ」というのがいわゆる前向き思考なので、ちょっと無理があるんですね。顔がヒクヒクしてしまうのはそういうことなんです。アティテューディナル・ヒーリングでは攻撃そのものがないわけですから、「大丈夫よ」と本当に笑っていられるということなのです。

これがアティテューディナル・ヒーリングでの「とらえ方の違い」ということです。少しご理解いただけたでしょうか。自分がそういうふうにとらえ方を変えられるかどうかというのは、今の時点では気にしないでください。ただそういうことなんだなというのを理解していただければと思います。

✤「アティテューディナル・ヒーリング」という言葉の意味

水島　そのとらえ方を決めるのは自分のこころの姿勢であるということになります。こころの姿勢は、というふうに①に続いていくんですが、その間に書いてある「アティテューディナル・ヒーリングとはこころの姿勢（アティテュード）を自ら選ぶことによる癒し（ヒーリング）のこと。健康は『こころの平和』と定義され、こころの平和を得るために『怖れ』を手放すプロセスがアティテューディナル・ヒーリングである」というのは、ただの定義ですので、「ふーん」と思って読んでいていただければ結構です。

アティテューディナル・ヒーリングというのは日本人に発音できない言葉ですから、うまく読めないことを恥ずかしく思わないでくださいね。アティテューディナル・ヒーリングという言葉をいちばん正確に日本語に訳すと、「こころの姿勢をみずから選ぶことによる癒し」ということになりますが、これはとても通用する日本語ではありません。「ねえねえ、今日こころの姿勢をみずから選ぶことによる癒しのワークショップに行ってきたんだけど」なんて言っておしゃべりできないですから（笑）。何かいい日本語が思いついた方はぜひ教えてください。今のところは、誤解されるくらいだったら理解されないほうがまだましかなと思ってカタカナのままになっていますので。

ということで、日本人には読めない言葉ですから読まなくても結構ですし、ＡＨと言っていただいてもいいし、ＡＨも言いにくいので好きな愛称をつけて呼んでいただければと思います。

中心となる考え方—①

こころの姿勢は、「あたたかいこころ（愛）」と「怖れ」のどちらかしかない。私たちの本質はあたたかいこころ（愛）である。

水島　①をまとめて読んでいただきましょう。

こーき　①こころの姿勢は、「あたたかいこころ（愛）」と「怖れ」のどちらかしかない。私たちの本質はあたたかいこころ（愛）である。

○この本質は、不安、苦痛、怒りなどの「怖れ」の層の下に埋もれてしまっており、感じることができなくなっている。

○アティテューディナル・ヒーリングは、「怖れ」を手放すことによってみずからの本質を思い出し本質を感じられるようにするためのプロセスである。

水島　ありがとうございます。先ほどの「とらえ方を決めるのはこころの姿勢である」ということに続いて、「こころの姿勢には二つしかない」ということが書いてあります。一つはあたたかいこころ（愛）というもので、もう一つが怖れというものです。最初のほうは、もともとの英語が「ラブ」なので「愛」と訳せばいいんですが、日本語で愛というといろいろなことを意味してしまいますね。日本人の感覚としていちばん近い言葉は「あたたかいこころ」という感じかなと思います。これは自分の中にあるポカポカとしたあたたかいこころのことであって、ポカポカと伝わっていくことはあるけれども、人に「これが愛ですよ」と言って渡すようなものではないということです。一般に「愛」と呼ばれているものの中には、ここで言っている愛ではないものもずいぶんあると思います。むしろ怖れのほうになるものがあるんじゃないかと思います。

ポカポカとしたあたたかいこころでないものはみんな怖れという分類になりますので、すごくいろいろなものが怖れに入ってきます。いわゆる「怖れ」というのもそうだし、怒りもそうですし、自分を責める気持ち、罪悪感みたいなものもそうだし、あるいは「べき思考」ですね、「○○すべき」「世の中こうあるべき」みたいなのも怖れです。さっき言った完璧主義というのも怖れです。そういうのがみんな怖れのグループに入っています。

すべてが実際のところ、なんらかの怖れと関係があるんですが、一見してそれがわからない場合でも、ポカポカしたこころでなければなんでも怖れというふうに考えていただいて結構です。「私はただ怒っているだけで、怖れてなんていません」というときでも、ポカポカしていないわけですから怖れのグループに入るわけです。そういうふうに簡単に分類してください。

アティテューディナル・ヒーリングはものすごくシンプルな二分法なので、「ポカポカしたこころでないものはみんな怖れ」というふうに簡単に考えます。さっきみたいに私がわめいたとしたら、それはポカポカして見えないですよね。そういう場合は「ああ、怖れているんだな」というふうに簡単に視点を変えることができるので、このシンプルさというのがすごくわかりやすくなっています。

自分のこころのあり方を決めるものは何か

水島　もうちょっと難しく考えたい方には、怖れということについて一言ご説明しておきます。怖れというのは「自分のこころのあり方は外側の世界によって決められている」という信念体系のことだといってもよいと思います。つまり、自分が幸せになるためには人が優しくしてくれなければいけない、自分のこころが平和になるためには外側が平和でなければいけないというふうに考えることを「怖れ」と呼んでいただいてもよいと思います。

では、もう一つの「あたたかいこころ（愛）」のほうはどうなっているのかというと、これはもう自分の中にポカポカしたあたたかいこころがあるわけですから、自分そのものが完全なので、外から何かをしてもらわなくても自分はポカポカとしていられる、という考え方になります。

先ほど、私が皆さんに「えーっ、全然違いますよ」というようなことを言ったとしたら、ということを話し合いましたね（65ページ）。これを「攻撃された」ととらえたのは「怖れ」のほうのとらえ方だったわけで、「あなたがどなったんだから傷ついて当たり前でしょう」ということになるのです。でも次に皆さんに愛のほうの目で見ていただいたので、私は同じようになっていても皆さんは傷ついてもいないし、さらに親切にすらしてくれるわけです。

同じことが起こっているのにこんなに違うふうにとらえられるということは、結局、私たちの本質は愛のほうなんだなということになると思うのです。そこに書いてあるように、アティテューディナル・ヒーリングでは、私たちの本質はあたたかいこころ（愛）のほうであるというふうに考えています。もともとは愛なのだけれども、生まれてからは怖れが積み重ねられていきますね。垢《あか》のようにどんどんこびりついていって、例えば「人を出し抜かなければ生きていけない」と言われて垢がつき、「勉強ができない子は価値がない」と言われて垢がつき、人から裏切られて垢がつき、というような感じで怖れの垢がどんどんついてきたので、今ではいちばん下に何があったかが見えもしないし、すっかり忘れています。でも、垢をとっていけばそこにはちゃんと愛があるんですね。それがアティテューディナル・ヒーリングの考え方です。

これが本当かどうかという議論を私に吹っかけないでください（笑）。別にこころの中に入って見てきたわけではないので、私にもわかりません。私は本当だと信じていて、それが役に立っていますが、別に証拠はありません。こういう考え方が役に立つ方はどうぞ使ってくださいというレベルの話なので、本当かどうかというのを聞かないでほしいんです。

ただ、私がなんで信じているかというと、例えば私たちは極限の体験をすると怖れが飛ぶんですね。目の前に死にそうな人がいて、必死で人命救助をしているときなどは、日ごろあるつまらない怖れ、「来週、あそこに何を着ていこうかしら」とか、「あの仕事、締め切りが」などというのはとりあえず全部飛んで、「この人に助かってほしい」ということに一生懸命になりますよね。助かればすごくうれしくて、まさにそこでは怖れが全部飛んで愛がむき出しになっている瞬間ですよね。出産のときなどにそれを感じる方もいらっしゃるようですけれども。

アメリカのセンターには、致命的な病を持った子どもたちのグループがあります。そのグループの親御さんと話をしていると、「この子に普通の寿命があると思っていたころには、部屋が散らかっているとか、勉強しないとか、そんな『ランプのかさ』みたいなところばかり見ていたけれども、あと何カ月の命ということがわかったら、本当に『光』の部分、無条件の愛の部分しか感じられなくなって、この子の存在そのものが尊いというふうに感じられるようになった」ということをおっしゃるんですね。お子さんの病気ということで、怖れが飛んだんですね。そうするとやっぱり愛が出てくるんです。

アティテューディナル・ヒーリングでは、なにもご自分のお子さんが病気になるのを待たなくても、自分自身がその気になれば今日からでも怖れを手放すプロセスを始めていけるということをいっています。そういう考え方が役に立つ方はどうぞ使ってくださいということですね。何かご質問はありますか。

ものごとの見え方は自分の頭の中を映し出す鏡

水島　くり返しますが、先ほど私がワーッと言ったときに、最初に「わあ、攻撃された」と思ったときには怖れの目でものを見ていることを選択していた、その後、「私の立場に立ってみてください」というふうに想像していただいたときには愛のほうの目で見ることを選択していた、ということになるわけです。

そういうふうに考えると、逆に、どう見えるかによって自分の頭の中がどっちになっているかということがわかるんですね。そうやって鏡として使うことができますから、「攻撃」というふうに見えたときには頭の中が怖れになっているということだし、「ああ、この人困っているんだな、かわいそうに」と思ったときには、自分の頭の中は愛のほうになっているということに気がつくことができますね。よろしいでしょうか。

中心となる考え方――②
私たちは選択をすることができる（vs自動操縦）

水島　今度は②をまとめてお願いします。

なつよ　**②私たちは選択をすることができる（vs自動操縦）。**

○人生の中で何が起こるかを選ぶことは必ずしもできないが、そのような出来事に対するこころの姿勢を選ぶことはできる。

○人生における全ての瞬間を、葛藤の中に生きるのか平和の中に生きるのか、怖れの中に生きるのかあたたかいこころを持って生きるのか、私たちは選んでいる。

○アティテューディナル・ヒーリングは、自分が選んだものに気づかせてくれる。

「自動操縦」ということ

水島　ありがとうございます。ここで「選択」という言葉についてご説明しましょう。アティテューディナル・ヒーリングでいう選択はたぶん私たちが普通に使っている選択とちょっと違うんじゃないかなと思います。普段、私たちが選択と言うときは、選択肢がいろいろあって、うまく選べるかしらなどという場合なんですが、アティテューディナル・ヒーリングでは、選択を「自動操縦ではない」というような意味で使っています。まずは「自動操縦」という反対語のほうを考えてみましょう。

自動操縦の飛行機ってありますよね。高度何度で飛ぶというふうにセットしておくと、ハンドルを握っていなくてもそのままずっと飛んでいく飛行機ですよね。それからロボットも自動操縦ですよね。ロボットは「怒れ」というボタンを押しておけば、目の前でどんな楽しそうなことがあってもひたすら怒り続けているものですから、自動操縦というのはそういうものですね。

私たちは人間ですから、なにも自動操縦で生きていかなくても自分でその場その場で選んで生きていけばいいんですが、実際にはずいぶん自動操縦になってしまっています。例えば、ひどいことをされたら「もう一生ゆるさない」と思って生きていくというのも、ある意味、「ゆるさない自動操縦状態」になっているといえますし、「あんなひどいことをされたんだから、ずっと怒っていて当たり前」というのも、ある意味、自動操縦なんですよね。

これをちょっと考えてみると、自分にすごくひどいことをした人がいたとして、その人がさんざんひどいことをしたうえに、さらに去り際に「一生ゆるすな」というボタンを押して去っていってしまって、私たちはその人の言うことをずっと聞きながら生きているというふうにも見ることができるんですね。そうやって自動操縦について考えていただくと、見え方がまた変わってくると思います。「ゆるす」ということはアティテューディナル・ヒーリングの中核的なテーマですが、ゆるすというのはなかなか難しいことで、今日お集まりの皆さんの中にも、過去にひどいことをされた経験があって、「もうゆるせない」というふうに思っている方もいらっしゃるのではないでしょうか。

ゆるせないでいると、自分にとってよくないことがいろいろ起こってきます。例えば体の具合が悪くなってきたり、こころの病気になったり、ほかの人との人間関係がゆがんできたり、あまりよくないことがいろいろ起こります。そんなことはわかっていて、それでもゆるせないんですよね。なんでゆるせないのかというと、ゆるしてしまうと相手がいい気になってまたそれを続けるんじゃないか、お仕置きにならないんじゃないか、あるいはほかの人が巻き込まれている場合、例えば自分の家族が殺されたというようなときに、ゆるしてしまうと家族への愛がないという意味になってしまうんじゃないだろうかなどと、いろいろなことがあってゆるせないわけですね。

そんなとき、私たちは相手をのろい殺してやりたいというような気持ちで、「ゆるさないでいることが相手への罰になるんだ」と思っているんですが、さっき言ったように、ゆるさないでいると自分のほうにいろいろよくないことが起こってくる。これをアティテューディナル・

ヒーリングの創始者のジェリー・ジャンポルスキーに言わせると、「相手の死を願いながら、自分が毒を飲み続けている現象」ということになるわけですね。相手を殺したいんだったら相手に毒を飲ませなければならないのに、自分が代わりに毒を飲み続けていて、自分をどんどんボロボロにしていると。別にジェリーは殺人を奨励しているわけではないので誤解しないでいただきたいのですが、ゆるさないでいるということはそれほど自分を傷つけるものなんだということに気がついてくださいという意味になります。

ゆるすということ

水島　ですから、ゆるすということをそういう観点から考えていただければと思うのです。ちなみにアティテューディナル・ヒーリングでいう「ゆるし」というのは、過去をすべて水に流すという意味ではありません。自分が虐待をされたとか、本当に不適切なことをされた場合には、自分が不適切なことをされた、そのころはつらかったということを全部そのまま覚えていていいんです。でも、それとともに思い出される、ドロドロとした、自分を傷つける嫌な感情がありますよね。そちらの部分は手放しましょうというのがアティテューディナル・ヒーリングでいう「ゆるし」なので、「あなたがしたことは大目に見ましょう」と相手に言うのとはまた違うんです。くり返し「ゆるさない、ゆるさない」と思うことで自分を傷つけるのはもうやめましょうという感じがいちばん近いかもしれません。そうやって「ゆるす」ということをまた違った観点から見ていただければと思うんです。

ただ、アティテューディナル・ヒーリングは「ゆるしましょう」と言っているものではありません。皆さんにゆるしを強いるものではありません。さっきのガイドラインでご説明したように、「ゆるしましょう」と言っているのではなく、「その気になればいつでも自分でゆるせるということは覚えていましょう」と言っているものです。相手が「ゆるすな」というボタンを押してリモコンを持っていってしまったのではなくて、リモコンは実は自分がまだ持っているんですね。いつでも押す気になれば押せるんです。「ゆるす」というボタンと「ゆるさない」というボタンがあって、どっちでも押せます。

例えばご自分の意思で、「まだまだ準備ができていないから、あと一年間〝ゆるさない〟ボタンを更新しよう」と思えば、「ゆるさない」と自分で押せばいいんですね。「そろそろ疲れてきたからゆるそうかな」と思ったら「ゆるす」というほうを押せばいいんです。どっちでもいいけれども、自分で選んでいるんだということを意識するだけでもまったく見え方が変わってきます。アティテューディナル・ヒーリングは、リモコンは自分が持っているんですよということだけを教えてくれるものだと考えてください。ですから、アティテューディナル・ヒーリングでいう「選択」というのは、自動操縦ではないもう一つのやり方があるという意味になります。よろしいですか。

■■■■■

中心となる考え方——③

自分のこころの声を聴く。

■■■■■

水島　では、その次、③ですね。

まゆみ　**③自分のこころの声を聴く。**

○「怖れ」を手放すためには、他人のアドバイスよりも自分のこころの声に耳を傾ける必要がある。

水島　ありがとうございます。これはガイドライン⑥（45ページ）で出てきましたね。

中心となる考え方──④

完全に「今」に生きる。

水島　では、④をお願いします。

もとはる　**④完全に「今」に生きる。**

○完全に今に生きると、人の話に対して別の聴き方ができるようになる。

○この種の聴き方は、私たちが自分および他人に与えられる最高の贈り物の一つである。

○アティテューディナル・ヒーリングは、人生の全ての瞬間に完全に「今を生きる」ことができるように助けるものである。

水島　ありがとうございます。完全に今に生きることの大切さということもいろいろなところで聞かれますよね。瞑想や、いろいろなアートなども、今に生きるための手段として活用されている方が多いと思います。アティテューディナル・ヒーリングのおもしろさは、タイトルが「今」なのに、読んでいただくと中の文章がみんな「聴く」ということに関しての文章になっているところなのですね。

つまりアティテューディナル・ヒーリングでは、人の話を聴くというのは自分が現在にいるための手段なんです。人のために「聴いてあげる」のではなくて、自分のために「聴く」のですね。自分が現在にいるために聴くというふうに位置づけていくので、④の二つ目の文章に書いてあるように、「この種の聴き方は、私たちが自分および他人に与えられる最高の贈り物の一つである」ということになるのです。他人に与えられる贈り物というのはすぐにわかると思いますが、「自分に与えられる贈り物」というのは、自分が聴いてもらう場合の話ではなくて自分が人の話を聴くことが自分への贈り物だという意味なんです。

今の時点でピンとこなくてまったくかまいません。これは午後のグループのときに少しその片鱗を感じていただけると思いますので、今はわからなくてもそのままにしておいてください。

■■■■■

中心となる考え方―⑤

自分の選択に自覚と責任を持つ。

水島　最後の⑤をお願いします。

よしこ　**⑤自分の選択に自覚と責任を持つ。**

○出来事をどう体験するかは選択できるので、その責任は私たちのそれぞれにある。

■■■■■

○アティテューディナル・ヒーリングは、ものごとのとらえ方や、出来事や状況に対して抱く気持ちに責任を持てるよう助けるものである。

水島　ありがとうございます。ここに書かれていることは、ものごとのとらえ方は自分で選べるのだから、今つらいとしたら、自分がそういうとらえ方をしたということで、それは自分の責任でしょう、ということなんですね。これを読んで、なにかちょっときついなと思いませんか。あなたがつらいのはあなたの責任でしょうと言われているわけなんですが。ちょっと嫌な感じがしますか。（何人か、うなずく）ちょっとしますよね。

なつよ　つらい気持ちというのは自分よりもまわりから受けたことによって感じることなのに、その責任を自分がとらなきゃいけないのかなって。

水島　思ってしまいますね。これはなんとなくサッと読むとつらいんですね。私も前はこれ、すごく嫌いだったんですが、ある日、自分の読み間違えだなということに気がついたんです。これこそ自分のプロセスの尊重というところに関係してくるところなんですね。自分はたしかに選べるのだけれども、自分がつらくなるような選び方しか今はできないというのも自分のプロセスなんです。ですから、それは自分の責任でしょうと言われたら、たしかにそのとおりですが、それをつらいと思う必要はない。

なぜかというと、今こんな選び方しかできていないという自分を責めてしまったら、自分に評価を下しているということにほかならないからです。ただそれが自分のプロセスですねと思えばいいだけのことです。

今、なつよさんがおっしゃったように、「人からされたことなのに」とまだまだ思っているというのも、なつよさんのプロセスなんですね。そう思っているという自分をただ尊重していけばいいだけなので、それによって何かつらさを感じる必要はないんです。つらさを感じるとしたら、また自分のプロセスに評価を下してしまっているというふうに気がつけばいいだけのことなんだなと、私自身もある日気がつきました。

以上、「中心となる考え方」をまとめてきました。「中心となる考え方」を読み始めたときに、自分でこれができるできないは関係なく、ただ考え方として理解してくださいと申し上げましたが、ちょうど最後の⑤に答えがありましたね。つまり、これができるできないということも含めてご自分のプロセスなので、その時々のご自分をただ認めていけばいいだけです。できないんだったら、今はできない、あしたはちょっとできるかもしれないというだけのことなのですね。

中心となる考え方

「私たちの気分を悪くするのは他人や出来事そのものではない。
それに対する自分のとらえ方である。とらえ方を決めるのは自分のこころの姿勢である」

アティテューディナル・ヒーリングとは、「こころの姿勢」（アティテュード）を自ら選ぶことによる「癒し」（ヒーリング）のこと。健康は「こころの平和」と定義され、こころの平和を得るために「怖れ」を手放すプロセスがアティテューディナル・ヒーリングである。

① こころの姿勢は、「あたたかいこころ（愛）」と「怖れ」のどちらかしかない。私たちの本質はあたたかいこころ（愛）である。
　○この本質は、不安、苦痛、怒りなどの「怖れ」の層の下に埋もれてしまっており、感じることができなくなっている。
　○アティテューディナル・ヒーリングは、「怖れ」を手放すことによってみずからの本質を思い出し本質を感じられるようにするためのプロセスである。

② 私たちは選択をすることができる（vs. 自動操縦）。
　○人生の中で何が起こるかを選ぶことは必ずしもできないが、そのような出来事に対するこころの姿勢を選ぶことはできる。
　○人生における全ての瞬間を、葛藤の中に生きるのか平和の中に生きるのか、怖れの中に生きるのかあたたかいこころを持って生きるのか、私たちは選んでいる。
　○アティテューディナル・ヒーリングは、自分が選んだものに気づかせてくれる。

③ 自分のこころの声を聴く。
　○「怖れ」を手放すためには、他人のアドバイスよりも自分のこころの声に耳を傾ける必要がある。

④ 完全に「今」に生きる。
　○完全に今に生きると、人の話に対して別の聴き方ができるようになる。
　○この種の聴き方は、私たちが自分および他人に与えられる最高の贈り物の一つである。
　○アティテューディナル・ヒーリングは、人生の全ての瞬間に完全に「今を生きる」ことができるように助けるものである。

⑤ 自分の選択に自覚と責任を持つ。
　○出来事をどう体験するかは選択できるので、その責任は私たちのそれぞれにある。
　○アティテューディナル・ヒーリングは、ものごとのとらえ方や、出来事や状況に対して抱く気持ちに責任を持てるよう助けるものである。

4

アティテューディナル・ヒーリングのサポートモデル（スター）

――こころの平和チェックリスト

水島　それでは、今までお話ししてきたことをまとめる意味で、大きな星が書いてある図（112ページ）を出してください。これは大きな星マークが書いてあるので、「スター」と呼ばれています。アティテューディナル・ヒーリングのサポートモデルです。こころの平和を選びたければ、この図の各項目を一つ一つ選んでいく必要があるというまとめですので、これを一つずつ見ていきましょう。

スター―①　現在への集中

水島　まずど真ん中に「現在への集中」というのがあります。朝からのお話の中で、過去や未来に行くと雑音が出てきていろいろな怖れが出てくるということを少しご理解いただいたと思います。現在に集中するということがこころの平和を選ぶ第一歩ということですね。

スター―②
受容

水島　今度は左側に行きまして、「受容」というのがあります。「受容」とは、現実をあるがままに受け入れるというような意味です。「そんなのとっくにやっている」と思われるかもしれませんが、意外とやっていないんですね。例えばだれかが変なことをしたとき、「彼はあんなことをすべきじゃなかったんだ」というところに留まってしまって、したんだからどうしようというふうになかなか入っていけないということもありますよね。「世の中、こうあるべきじゃないんだから」というところにずっと止まっていたり、本当は怒っているのに「私は怒ってなんかいない」とか。いろいろな形で現実を受容せずに抵抗しているということがあると思います。いずれの例もこころの平和とはちょっと違うなという感じがしますよね。こころの平和を選びたければ現実をあるがままに受け入れる、つまり「受容」を選ぶということになります。

スター―③ 人間性と全体性の認識

✿人間性の認識

水島　今度は上に行きまして、「人間性と全体性の認識」というのがあります。これも大切なのに結構忘れやすいところなのでお話ししておきたいですね。まず「人間性の認識」とは何なのか。例えばひどいことをされたら頭にくる、ゆるせないと思うのは、「人間的なこと」と認識するということです。つまり、人として当たり前の反応として認めるということですね。

もちろんアティテューディナル・ヒーリングは、そういう怒りやゆるせない気持ちを手放していくというプロセスです。けれども手放していくためには、まずちゃんと認めるところから入っていかなければならないんです。「ああ、こんなひどい目に遭ったんだから、頭にきて当然だな、本当にひどい目に遭ったな」というところから入っていって、そのうちにだんだんとそれにしがみついている自分というものを意識して手放していく……、そういうプロセスになっていくわけです。これをやらないとどうなるかといいますと、ゆるせない自分をゆるせない、というようなことになるんですね。「こんなことで人をゆるせないと思う自分は変だ」と思ってしまうと、またそれがさらに怖れをもう一歩複雑にしてしまい、ただ相手がゆるせないだけではなくて、そのゆるせない自分をゆるせなくなり、ますます手放しにくくなります。ですから、まずは非常に人間的な反応として認めるというのが第一歩になります。それが「人間性の認識」です。

時々、これを勘違いされて、「私、アティテューディナル・ヒーリングをもう一年続けているんですが、ひどいことをされるとまだ頭にくるんですよ」と言う人がいるんですね。「それは人間ですから」と言うんですが。アティテューディナル・ヒーリングというのは別に怒らない人をつくるためのものではなくて、自分が怒っているなと気がついて、その怒っていることというのが自分にとってこころの平和につながるんだろうか、どうなんだろうか、ということを意識して考えられるようにするためのものです。たしかに、何度も何度もやっていればだんだん慣れてきて怒りにくくはなりますけれども、怒ったりゆるせないと思ったりすることを、まず人間として当たり前の反応として認めていくというのがとても大切です。

✿全体性の認識

水島　もう一つの「全体性の認識」ですが、これは簡単に言うと視野を広げるというような感じです。もうちょっとスピリチュアルな形で考えていくと本当はもっと広くとれますが、まず今日の段階では「視野を広げる」というふうにとっていただきましょう。例えば自分がすごく頭にきているとき、きのうひどいことをされて今日は「もう一生ゆるせない」と思っているとしましょう。そこだけを見ると「人に対して一生ゆるせないと思う自分って、なんて怖い人間なんだろう」「なんてこころが狭いんだろう」などと思えますが、プロセス全体として見ていくと、どうなるでしょうか。きのうひどいことをされたばかりで今日は一生ゆるせないと思っている、でもまた時間がたてば自分も変わってくるんだろうという全体を見渡すと、今日すごく怒っているということがそれだけのことになりますよね。「今日のところはしょうがないや」と。ゆるせない自分をゆるせない、とはならないですむんですね。

あともう一つの全体性のとらえ方としては、さっき私が「全然違いますよ！」と怒ったらどうするかという話をしていましたけれども（65ページ）、あのとき皆さんにやっていただいたことも「全体性の認識」なんです。私がファシリテーターのくせに怒ったというところだけを見れば、「この人、ファシリテーターとしておかしい」とか、「こんなこと言われる自分はだめだ」などと思ったりするでしょうが、全体を見ていただきましたよね。今日一日このワークショップを一人でやらなければいけないというような事情を広く考えていただいたら、「この人、うまくいかなくて困っているだけじゃないか」というふうに見ていただけたので、怒った私というのをすごくゆるしやすくなったと思うんです。

ですから、全体性と人間性とどちらの認識も現実をゆるしやすくするものだといえます。先ほどの「受容」は現実をあるがままに受け入れる、現実として受け入れるということですが、「人間性と全体性の認識」というのはその内容について「人間なんだから当たり前なんだな」とか、「大きく見てみれば大したことないんだな」という感じでゆるしやすくするということになります。

もうちょっとスピリチュアルに考えていくと、全体性というのは、さっきの「本質が愛である人間としての全体を見ていく」というふうに位置づけられるのでますますゆるしやすくなりますが、今のところはただ「視野を広げる」というふうに使っていただいていいと思います。ご質問はありますか。大丈夫ですか。

スター――④
自分に対して正直

水島　今度は右におりてきますと、「自分に対して正直」というのがあります。これはかなり軽く考えていただいて、自分にうそをついているか、本当か、などとわりと単純なレベルで考えていただければ結構です。例えばアティテューディナル・ヒーリングのワークショップに来ると、みんなニコニコしていていい人が多いから、本当は機嫌が悪いけど自分もニコニコしていなきゃとか、あるいは、みんなわかったような顔をして聴いているから、本当はわかっていないんだけど質問しないでおこうとか、わかったふりをしようとか、そういうことをしないでくださいという意味でとらえてください。そんなことをやっていたらこころが平和にならないのもわかりますよね。みんなに合わせていい人ぶりっこしていてもこころは平和にはなりません。そういう意味です。

私は先ほどガイドラインを読んだあとに「守りたくないガイドラインがありますか」と尋ねましたね（59ページ）。あれはふざけて聞いたのではなく、自分を正直に振り返っていただきたいという思いからでした。納得していないガイドラインを無理やり守っても、こころは平和になりませんよね。

スター⑤
選択

水島　今度は、下におりていって「選択」というのがあります。これはアティテューディナル・ヒーリングの「中心となる考え方」で先ほどご説明しましたけれども（86ページ）、ここに選択と書いてあるのは、選択するという姿勢を選ぶということです。選べるわけはないというのではなくて、選べるのだという考え方を選ぶという意味です。選ぶ内容は個々のいろいろなものがありますよね。ここに書いてある「怖れにとらわれるか手放すか」とか、「平和か葛藤か」とか、「この図の各項目かその反対か」というのが選んでいくポイントになりますが、ここに「選択」と書いてあるのは、そういうことを選択する姿勢を選ぶのか、選択しない姿勢を選ぶのか、という意味です。

スター⑥
つながり

水島　左に行きますと、「つながり」というのがあります。アティテューディナル・ヒーリングの中でとても重要な概念の一つです。こころの平和が欲しければ、とにかくつながることを選んでいくというふうに考えますので、アティテューディナル・ヒーリングではできるだけ全てのコミュニケーションをつながるコミュニケーションにしていこうと考えていきます。

内的つながり

水島　そこに「内的および外的」と書いてありますね。「内的つながり」とは何かというと、これは自分とのつながりという意味です。自分とのつながりという中でも、とくに「自分のこころの声を聴く」という意味でのつながりです。いろいろな雑音がガヤガヤしているのが静かになり自分のこころの声が聞こえるときは内的にすごくつながっているときで、当然そういうときはこころが平和になります。

さらに「内的つながり」というのをもうちょっと応用して考えていくと、自分とのコミュニケーションを見直す機会にもなりますよね。私たちは、人とつながるコミュニケーションはちゃんとやっていても、自分とつながらないコミュニケーションをすることが多いものです。

「私なんていいんです」などと言ったりするのは自分とつながらないコミュニケーションです。そういうところにもちょっと注目していくと、自分ともつながるコミュニケーションをしていけるんじゃないかと思います。

今の「私なんていいですから」というのがつながらないコミュニケーションだということはわかりますよね。人に対して「あなたなんていいですから」と言ったら、それは本当に厳しいことになってしまいますよね。「私なんていいですから」というような言い方は相手のこころにも平和をもたらしません。「内的つながり」という言葉からそういうふうに応用することもできますが、本質的にはこころの声を聴くということが「内的つながり」の意味になります。

✤外的つながり

水島「外的つながり」には、「その一」と「その二」があります。「外的つながり・その一」というのは、普通に考えるいちばん普通のつながりです。今日だったらここにいる皆さんとのつながりというのが「外的つながり・その一」です。それだけでも十分ですが、もっとスピリチュアルなのがお好きな方には「外的つながり・その二」もあります。

皆さんの中には、「大きな何か」があると思っている方がいらっしゃると思います。現実的な一人ひとりの人間だけではなくて、もうちょっと大きな何かがあると思っている方はここからの部分を聴いてほしいんですが、そんなものはないと思っておられる方はお昼ご飯のことでも考えていてください（笑）。

「大きな何か」を、人によっては、運命とか宿命などと呼ぶかもしれないし、必然とか自然、あるいは神様と呼ぶかもしれません。そういう大きなものがあると思っている人にとっては、「外的つながり・その二」は、そういう大きなものとのつながりという意味になります。

例えば、じたばたするのをやめて流れに身を任せてみたら気が楽になったというのはそれですよね。大きな何かとのつながりを選んだということになります。あるいは病気ですごく苦しんできて「なんで自分がこんな病気になったのだろう」と思ってきた方が、ある日、その意味がわかった。「自分はこういうことを学ぶために病気になったんだ」ということがわかるとすごく楽になる、というのも、大きな何かとのつながりということになります。そのあたりが「外的つながり・その二」ですね。

ただ、アティテューディナル・ヒーリングのいいところは、スピリチュアル度を自分の好きなように選べるところなので、「大きな何か」なんて絶対にない、形あるものが全てだと思っている方にとっては、「外的つながり・その一」まででも現実生活では十分に役に立ちます。「大きな何か」があると思っている方は、「その一」だけではなく「その二」も考えていただけると、より深みが出ることでしょう。どこでも好きなレベルで選んでいただけるところがアティテューディナル・ヒーリングのいいところなので、皆さんもどうぞご自分なりに、外的つながりの「その一」だけを選ぶか、両方とも考えてみるかを決めていただければと思います。

以上が「スター」です。字がいっぱい書いてあるのが苦手な方には「スター」は人気があります。またチェックリストとして使うこともできます。どうもこころが平和じゃないというときに、自分はどれを選んでいないんだろうか、というふうに見ていっていただくこともできますので、いろいろとご活用いただければと思います。何かご質問はありますか。

✤「つながり」の意味

よしこ　今の「内的つながり」と「外的つながり」ですが、引きこもっていたいとき、わりと「内的つながり」をメインに見ているような気がするんですね。例えば、そういうときに無理してここに来ているとします。自分とのつながりを見つめたいというときに、その場の人たちと無理してつながる必要があるか。そうではないですよね。

水島　いいご質問をいただいて、ありがとうございます。ここで言っている「つながり」というのは、おっしゃるとおり、普通のいわゆるニコニコしゃべるみたいな、そういうつながりの意味ではないんですね。「内的つながり」が「自分のこころの声を聴く」というものであったのと同じように、「外的つながり」というのも、要は相手の本質とつながるという意味なので、相手のこころの中にあるポカポカしたものとのつながりという意味になります。ですから、なにもぺちゃくちゃ仲よさげにおしゃべりしていなくても、ここに自分が引きこもっていることをゆるしてくれている相手のあたたかさを感じるとか、そういうものでも十分につながりですよね。そんな答えでよろしいでしょうか。

よしこ　よくわかりました。

水島　これで今までの勉強のまとめにもなりましたので、ここでお昼休みにさせていただきます。午後に勉強の残りをちょっとだけやって、それでグループに入っていきましょう。どうぞお休みになってください。

スター

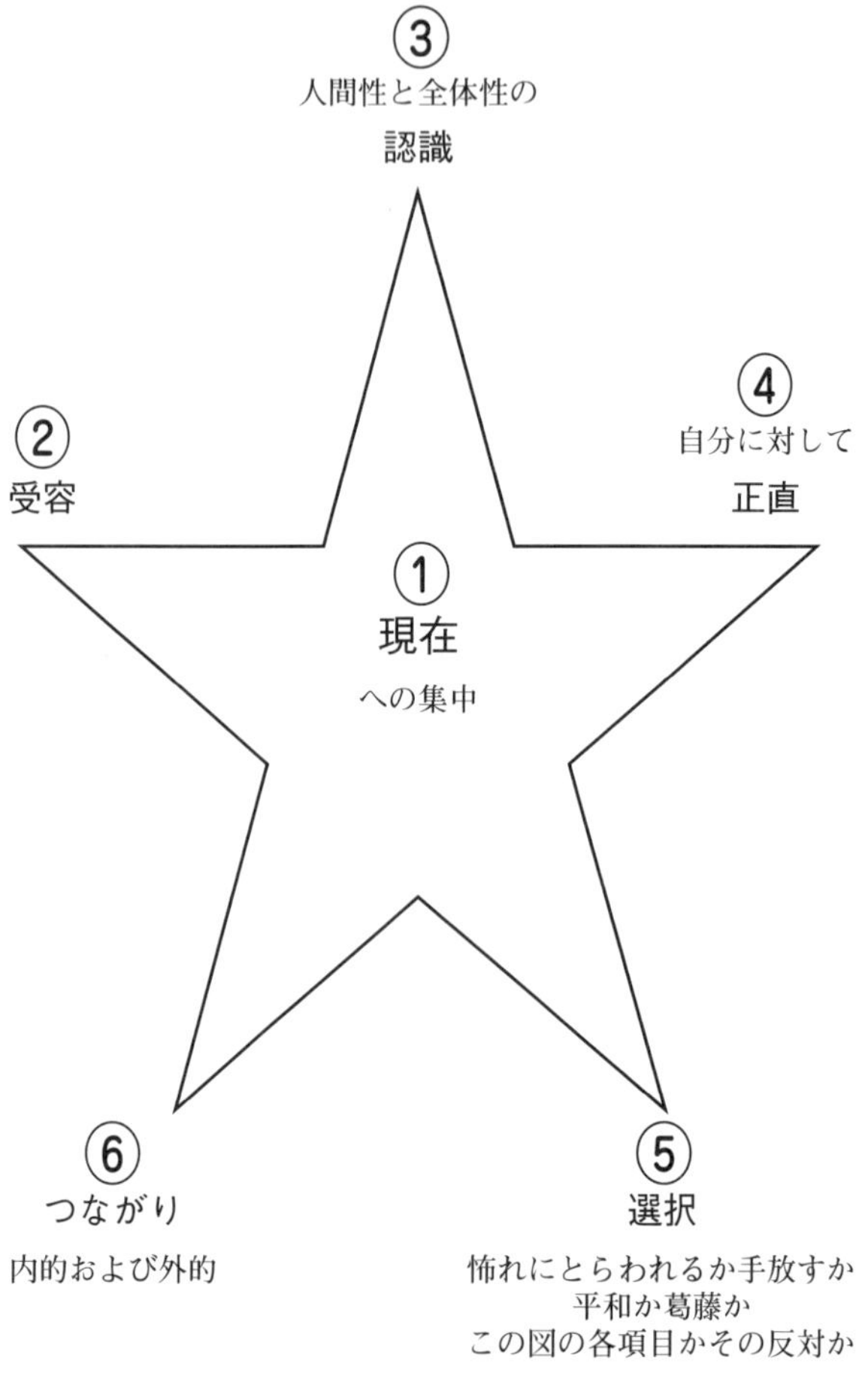
③
人間性と全体性の
認識
②
受容
④
自分に対して
正直
①
現在
への集中
⑥
つながり
内的および外的
⑤
選択
怖れにとらわれるか手放すか
平和か葛藤か
この図の各項目かその反対か

5

アティテューディナル・ヒーリングの原則

――こころの平和を選ぶための十二の柱

水島　それでは、勉強の最後のまとめとして、「アティテューディナル・ヒーリングの原則」(134ページ)を一緒に見ていきたいと思います。「アティテューディナル・ヒーリングの原則」というのは、そのタイトルのとおり、まさに原則なので、いちばん大切なものです。アティテューディナル・ヒーリングのグループでは、チェックインをして「ガイドライン」を読んだら、そのあとに必ず「原則」を読むというのを毎回やっていきますので、折に触れて見ていただくことになります。

この原則はいちばん大切なものなのですが、今からいちばん時間をかけないでご説明をしたいと思います。なぜかというと、原則の定義というのは別に決まっていないからなのです。創始者のジェリー・ジャンポルスキーに聞けば何か答えるでしょうけれども、それは彼の今の時点での定義にすぎなくて、それが絶対的な定義ではありません。ですから、皆さんにはこれから一生をかけてご自分なりの定義を考えていっていただきたいのです。

ただ、そうは言っても、この原則は翻訳したものなので、少し言葉のわかりにくいところがあるかと思います。そのあたりを今ご説明していきたいと思います。

あともう一つ、今日皆さんにお渡しした資料の中に「アティテューディナル・ヒーリングの原則の一つの定義」があります(189ページ)。これはパトリシア・ロビンソンが書いたものです。これはあとでおうちで読んでいただきたいと思います。このパトリシア・ロビンソンを私たちはパッツィと呼んでいますけれども、パッツィは、ジェリー・ジャンポルスキーが一九七五年にアティテューディナル・ヒーリング・センターを初めてつくったときに、一緒につくった四人のボランティアのうちの一人です。

パッツィが自分なりに考えた原則の定義が前半に、センターがどのようにつくられたかという初期の歴史が後半に書いてあります。ほかではなかなか読めないものなので、楽しく読んでいただけると思います。そのタイトルが「アティテューディナル・ヒーリングの原則の『一つの』定義」というふうになっていますのは、それもパッツィが考えている定義にすぎず、それだけが絶対のものだというふうには思わないでいただきたいという意味です。

パッツィは、まさにアティテューディナル・ヒーリングを体現したようなすてきな人でしたが、おととし（二〇〇六年）の大晦日に亡くなりました。ジェリー・ジャンポルスキーがパッツィの左手を持って、ジェリーの妻がパッツィの左足を持って、親しかったみんながそうやってパッツィの手足を一本ずつ持って、どれほどパッツィに感謝していたかということをそれぞれが話す中で眠るように亡くなったということです。一九七五年以来、ずっと積極的にボランティアとしてセンターにかかわってきた人なので、とてもおもしろく読めると思います。ぜひあとでお読みになってみてください。

ここではちょっとずつ原則を読みながら、言葉だけ整理していきたいと思います。

原則—①
私たちの本質はあたたかいこころ（愛）。

水島　では午後になりましたので回る順番を逆向きにしまして、こーきさんからですね。タイトルと①を読んでいただけますか。
こーき　**アティテューディナル・ヒーリングの原則。①私たちの本質はあたたかいこころ（愛）。**
水島　ありがとうございます。これは「中心となる考え方」のところ（80ページ）で出てきましたよね。よろしいですね。

原則—②
健康とは、こころの平和（やすらぎ）、癒しとは、怖れを手放すこと。

水島　②をお願いします。
ひろみ　**②健康とは、こころの平和（やすらぎ）、癒しとは、怖れを手放すこと。**

水島　ありがとうございます。これも「中心となる考え方」の定義のところ（79ページ）で出てきましたよね。今の時点でこれをお読みになって、「健康とは、こころの平和」と言われても、「でも自分は体の健康も大切なんだけどな」などと思われる方もおられると思います。そういう方はその疑問を持ちながら暮らしていっていただくと、ある日またこの原則の見え方が変わるかもしれません。ですから、ずっと考えていっていただければと思います。

原則―③
与えることは受け取ること。

水島　今度は③をお願いします。

まなぶ　**③与えることは受け取ること。**

水島　ありがとうございます。これはこのままにしておくと誤解されたままになってもったいないので少し説明をします。これを読んで、ただ「ああ、ギブ&テイクのことね」というふうに思わないでほしいのです。私たちが普通暮らしている社会というのは、もちろんギブ&テイクの理論にのっとっています。ですから、人にうんと親切にしてあげればあとでそれが返ってくるとか、そんなふうに考えてみんな生きているんですね。けれども、ここで言っているのはそういうことではなくて、「同時に」起こることなんですね。

何が言いたいかというと、私たちは人に与えているこころの姿勢そのものを自分でも受け取っているという意味なんです。例えば小さい猫とか、小さい動物はかわいいですよね。そういうのが嫌いな方は違うものを思い浮かべていただきたいのですが、何かかわいいものを見ると、「かわいい」と言って撫でたりしますよね。そういうときって、撫でていてかわいいから気持ちいいですよね。そのときに私たちは、この猫を十回撫でてあげるから、この猫から十回撫で返してほしいなどということは全然期待していません。ただかわいいから撫でている。撫でていることそのものが気持ちいい。猫が恥ずかしがり屋で途中でどこかへスルスルっと逃げてしまったとしても、「あらまあ、恥ずかしがりなんだから」というくらいで、「こんなに撫でてやったのに逃げるとは恩知らず」などと怒ったりしませんよね。それが愛から与えるときのイメージなんですね。与えていることそのものが気持ちいいという感じなんです。

同じ「撫でる」という行為であっても、すごく介護で疲れているときとか、あるいは何か友達から言われてとか、嫌なんだけれども無理やりやっているというようなときは、怖れから撫でているわけです。そうすると同時に怖れを受け取っているということになります。そうやって怖れからやってしまうと、相手がお礼を言わないと頭にきたり、こんなにやってあげたのに評価されていないことがすごく気になったりするわけですよね。

ですから、「撫でる」という行為が問題なのではなくて、どういう気持ちでそれをやっているかによって自分の受け取るものがまったく変わるということです。これがまさにこの原則がいっていることなんです。

先ほど、「私が怒ったらどうしますか」というのをやりましたけれども（65ページ）、ああいうときになぜ反撃して勝ってもこころが休まらないかというと、相手を攻撃しているときは、それが相手に与えている姿勢ですから、自分も攻撃を受け取っているんですね。ですから、人を攻撃するときは自分のことも同時に攻撃しているので、こころが平和にならないわけです。現実の勝ち負けとはまったく別で、こころは平和にならないわけです。

ところが、私が困っているんだというふうに見ていただいたときには、皆さん、愛を持って見てくださったので、自分のこころがすごく平和で、むしろ優しい気持ちになっていたと思うんです。愛を与えたから自分も同時に愛を受け取っていた、ということですね。

こういうふうに見ていくと、世の中全てがそうなっているなという感じがしますから、ぜひこの見方をお役に立てていただきたいですね。今の話はおわかりになりましたか。

そうやって考えると、「燃え尽きる」という現象もよくわかるんです。燃え尽きるような働き方をするときというのは、「ここで断ったらプロではないと言われるんじゃないか」とか、

「ここで断ると嫌われるんじゃないか」、あるいは完璧主義の方だったら「ここで断る自分がゆるせない」などと思って、できないのに無理やりやっていくわけです。そんなふうに怖れからやるときは自分も同時に怖れを受け取っていきますから、単に働いている仕事量以上にボロボロになっていくという形になります。このように考えていくといろいろなことがまた違った目で見えるんじゃないでしょうか。ぜひお役に立ててください。

原則——④

私たちは、過去も未来も手放すことができる。

水島　今度は④をお願いします。

英長　**④私たちは、過去も未来も手放すことができる。**

水島　ありがとうございます。内容はさっきから話しているようなことなんですが、文章の終わり方に注目してください。「手放さなければいけない」とか「手放すべきである」ではなく、「手放すことができる」、その気になればできると書いてあるだけです。

アティテューディナル・ヒーリングは道徳の教科書ではありませんので、何かをしろと言うことはありません。ただ選択肢を明確にするだけのものですから、その気になればこういう選択肢がありますよと言っているだけなんですね。

原則―⑤

存在する時間は「今」だけ。それぞれの瞬間は与えるためにある。

水島　では、⑤をお願いします。

めぐみ　**⑤存在する時間は「今」だけ。それぞれの瞬間は与えるためにある。**

水島　ありがとうございます。これもちょっと説明しますね。最初の文章はいいですよね。存在する時間は今だけですよね。さっきとか、あしたとかいうのがここにあるわけじゃないので、存在する時間は今だけなんです。二つ目の文章はいかがですか。「それぞれの瞬間は与えるためにある」と書いてあって、何かちょっと教科書っぽいですよね。道徳の教科書っぽい。さらに、時間のことを書いてある原則なのに、なんでまた与える話になるんだろうと、ちょっと不思議な感じがしませんか。

道徳の教科書っぽく読めるとしたら読み方を間違えているということなので、少しご説明しましょう。私たちのこころは与えるほうに目が向いているときと受け取るほうに目が向いているときがありますよね。「与えるモード」のときと「受け取るモード」のとき。「受け取るモード」というのはどういうものかというと、例えば「今まで私の人生、損ばかりしてきたから、今度こそちゃんと受け取らなきゃ」というような気持ちとか、あるいは「ここで親切にしておけば、この人はちゃんと私を愛してくれるかしら」みたいな。それは一見、親切に与えているように見えるけれども、むしろ受け取るほうに目が行っていますよね。そういうのが「受け取るモード」ですよね。

ここで考えていただきたいのは、「受け取るモード」でいるときに、なおかつ現在にいることができるかどうかなんですね。できますか。（皆、首を横に振る）できないですよね。なぜかというと、例えば「私は今まで損ばかりしてきているから、今度こそ」という場合。「今度こそ」というのは現在を見ているようでありながら、「今まで損ばかりしてきている」という過去のデータベースに思いっきり行っていますし、「親切にしておけばちゃんと返してくれるかしら」というのは未来のことを考えています。現在にいながら「受け取るモード」でいるって、できないですよね。

一方、与えるというのは「今」ではないとできないことなので、与えるというほうに意識を向けていれば今にいられますよね。これはただ、あくまでもこころの姿勢の話なので、何かもらえるものはもらっていいんですよ、もちろん（笑）。受け取るという行為は現在でもできるんですけれども、どちらに目が行っているかというこころの姿勢についていえば、「与えるモード」でいないと現在にいられないということなんじゃないかなと思うんです。何かご質問がありますか。これはこうじゃないかというご意見でもいいですが。

なつよ　受け取るモードというのは期待しているということですよね。

水島　そうですね。

なつよ　与えるモードというのは自分でかかわっていくということだから、今できるというのは、今自分の意思でかかわることはできるけれど、受け取れるかどうかというのは自分では決められないですよね。その辺ですか。

水島　そうですね。今じゃないですよね。つまり、受け取るというほうに目が向いちゃうと、必ず未来か過去に頭がぶれるんです。でも与えるということを考えると現在にいられる。それも「返ってくるかな」という与え方ではなくて、本当にただ何も考えないで与えるということは現在やることです。ということで、時間がテーマのこの原則に「与える」ということが書いてあるのかなと思うんですが。与えるとか、受け取るとかの内容についてのことは③に示してあります。⑤はあくまでも時間の原則なんですよね。与えていないと今にいられないということを言いたいのだと思います。

原則―⑥

私たちは評価を下すのではなくゆるすことによって、自分や他人を愛することができるようになる。

水島　さて、それでは⑥ですね。⑥をお願いします。

かおる　**⑥私たちは評価を下すのではなくゆるすことによって、自分や他人を愛することができるようになる。**

水島　ありがとうございます。これもそのとおりなんですけど、四つの組み合わせがあるということに注目してください。自分をゆるすことによって自分を愛することができるようになるというのはわかりますよね。他人をゆるすことによって他人を愛することができるようになるというのもわかりますよね。でもそれだけではなくて、自分をゆるすことによって他人を愛することができるようになったり、他人をゆるすことによって自分を愛することができるようになったりというのもそのとおりなので、その四つの組み合わせをいろいろと考えていただけるとおもしろいと思います。

原則—⑦

私たちはあら捜しをするのではなく愛を見つける人になることができる。

水島　では、⑦をお願いします。

トニ　**⑦私たちはあら捜しをするのではなく愛を見つける人になることができる。**

水島　ありがとうございます。これも「できる」という選択肢ですが、「ランプのかさ」のガイドライン⑧（55ページ）に近いですよね。ランプを見たとき、かさにばかり目が行く人ではなくて、光のほうにまず目が向くような人になる、というところですよね。

原則—⑧

私たちは外で何が起こっていようとこころの平和を選ぶことができる。

水島　では、⑧をお願いします。

うぶかた　**⑧私たちは外で何が起こっていようとこころの平和を選ぶことができる。**

水島　ありがとうございます。これも内容は先ほどからずっと話していることです。念のため言っておきますと、外で起こっていることとこころの平和が直接かかわっているわけではないということを言っているだけの原則なので、外で起こることを変える自由もあるということは忘れないでください。

この原則を読んで勘違いして、外で起こることを変えてはいけないと思う人が時々いらっしゃるのですが、そんなことはなくて、変えたいことは変えればいいし、やりたいことはやればいいのです。ただ、そのこととこころの平和が自動操縦的につながっているわけじゃないんだというだけの意味です。また、変えられないこともいろいろありますよね。例えばどの親から生まれるかというようなことはもちろん選べません。この原則が言っているのは、自分のこころの平和が自動操縦的に決まるわけではないということですから、どうぞ変えたいことは何でも変えていただいて、変えられることも変えていただいて、それは自由にやっていただきたいと思います。そうしないとみんな苦行僧みたいになってきて、「何が起こってもこころの平和を」というふうになると、また何かにとらわれて苦しいことになってきます。そういう意味ではありませんから。

原則―⑨

私たちはお互いに生徒であり教師である。

水島　では、⑨をお願いします。

よしこ　⑨**私たちはお互いに生徒であり教師である。**

水島　これはガイドライン⑦（46ページ）に出てきたものと同じ内容です。こっちの書き方のほうが、同時に生徒の部分もあれば教師の部分もあるということがもっと伝わりますね。

原則―⑩

私たちは自分たちを分断された存在ではなく一つのいのちとしてとらえることができる。

水島　では、⑩をお願いします。

もとはる　⑩**私たちは自分たちを分断された存在ではなく一つのいのちとしてとらえることができる。**

水島　ありがとうございます。これをそのまま納得する方は結構なんですが、「一つのいのちって何だ」と思う方もいらっしゃると思います。そういう方のためには、「**私たちは人生を断片ではなく全体としてとらえることができる**」というふうに訳すこともできます。さっきの「全体性の認識」（102ページ）のような話ですが、私が調査したところ、アメリカ人の半分以上がこの原則を今の二つ目の訳の意味でとらえているそうです。日本語にするときにはどちらかを選ばなければいけなかったので、創始者のジェリー・ジャンポルスキーに意見を聞きました。するとジェリーが「『一つのいのち』というほうが好きだ」と言ったのでこちらを採用していますが、どちらでも結構です。お好きなほうを選んでいただければいいですし、両方とも役に立つと思ったら両方使っていただいても結構です。

原則―⑪

愛は永遠のものなので、変化を怖れる必要はない。

水島　では、⑪をお願いします。

まゆみ　**⑪愛は永遠のものなので、変化を怖れる必要はない。**

水島　ありがとうございます。これもこのままでもいいんですが、一九七五年からの歴史があるアメリカ・サウサリートのセンターでは、「死を怖れる必要はない」というバージョンを使っています。同じアメリカでも、人種差別など、わりと社会正義的なことに力を入れているオークランドのセンターでは、この「変化」というバージョンを使っています。死も変化の一つですから、別にどちらでもいいんです。ここでも最初は「死を怖れる必要はない」のほうを使っていました。なぜ変えたかというと、理由は単純です。ホームページを見た方から「アティテューディナル・ヒーリングって死後の世界の話をするところですか」という質問があったからです。「死」という言葉は刺激が強すぎるんだなと思いまして、とりあえずだれの目にも触れる部分は「変化」にしました。

✿「死」への怖れ

水島　ただ、ここに「死」と書いてあったとしても、実は死後の世界を信じていない人にも関係がある話なんですね。ジェリー・ジャンポルスキーがアティテューディナル・ヒーリング・センターをつくったきっかけになった出来事というのがいくつかあるんですが、その一つが、致命的な病を持った子どもたちの観察でした。

小児がんにかかった子どもがあと何カ月かの命だということがわかり、そのときにその子がいちばん知りたかったのは、「人間って死ぬとどうなるんだろう」ということだったのです。

その子はまわりの大人たちに、「ねえねえ、人間って死ぬとどうなるの」という質問を続けたんですね。ところが、まわりの大人たちは、「こんなに小さくて、こんなにかわいい子がもうじき死んじゃうなんて、かわいそうすぎる」という気持ちを持っているわけです。それこそ過去のデータベースですね。子どもが「ねえねえ、人間って死ぬとどうなるの」という質問をすると、それが「かわいそうな質問」にしか聞こえなくて、もう聞くのがつらいんですね。そして、その質問が出ると顔色が変わり、だんだんとその子を避けるようになる、というようなことが起こったわけです。

その子はそれでも質問を続けまして、最終的には掃除のおばさんに答えてもらったんですね。アメリカですから、「天国というところがあって、神様という人がいるんだよ」という話を聴いたので、答えを知ることはできたのです。でもその間ずっと、その子は本当に寂しい思いを続けたのです。その子がそこで学んだことは何かというと、本当の気持ちを話すと人が自分から離れていくということだったのです。もうじき、あと何カ月かで死んでしまう、いちばん人とつながりたいときなのに、なんでその子がそんなに寂しい思いをしなければならなかったのかというと、まさに死への怖れ、大人たちの過去のデータベースなんです。子どもの質問をただの質問として聴くことができなかったのですね。これは死後の世界ではなくて、「生」の質、死ぬ前の人生の質にも大きな影響を与えているということになります。「死を怖れる必要はない」と書かれていたとしても、死後の世界を信じていない人にも関係がある話なんですね。死後の世界を信じている人にとってはますます深く読めるでしょうから、それは楽しく読んでいただきたいと思います。よろしいですか。

原則 ⑫ どんな人も、愛を差し伸べているか助けを求めているかのどちらかととらえることができる。

水島 では、⑫をお願いします。

なつよ **⑫どんな人も、愛を差し伸べているか助けを求めているかのどちらかととらえることができる。**

水島 ありがとうございます。これがまさにさっきの、私が急に怒ったらどうですかと言っていた話ですね。「全然違いますよ」と怒っているときの私はポカポカと愛を差し伸べているようにはとても見えませんから、「ああ、助けを求めているんだな」というふうにわかっていただけるということです。これは原則の中でも人気ナンバーワン、実用度ナンバーワンの原則です。「今日から使えるアティテューディナル・ヒーリング」ということで、皆さんもここを出たあとにだれかから嫌なことを言われたり怒られたりしたときは、この原則を思い出してください。見方をわざと変える必要はないですが、こんな原則を今日聞いてきたなということを思い出していただくだけで、ちょっと気持ちが変わると思います。そんなふうに使ってください。

アティテューディナル・ヒーリングの原則の構造をもう一度確認しますと、本当の原則は①です。「私たちの本質はあたたかいこころ（愛）」というのが本原則です。ただ、これだけだとよくわからないので、②から⑫までの補足説明があるという形になっています。ですから、どれか一つだけ残すのであれば①ということです。先ほど言ったように、これからも原則をくり返し読みながら、ご自分なりに考えていって、ぜひ大切にしていただければと思います。よろしいでしょうか。

アティテューディナル・ヒーリングの原則

① 私たちの本質はあたたかいこころ（愛）。

② 健康とは、こころの平和（やすらぎ）、癒しとは、怖れを手放すこと。

③ 与えることは受け取ること。

④ 私たちは、過去も未来も手放すことができる。

⑤ 存在する時間は「今」だけ。それぞれの瞬間は与えるためにある。

⑥ 私たちは評価を下すのではなくゆるすことによって、自分や他人を愛することができるようになる。

⑦ 私たちはあら捜しをするのではなく愛を見つける人になることができる。

⑧ 私たちは外で何が起こっていようとこころの平和を選ぶことができる。

⑨ 私たちはお互いに生徒であり教師である。

⑩ 私たちは自分たちを分断された存在ではなく一つのいのちとしてとらえることができる。

⑪ 愛は永遠のものなので、変化を怖れる必要はない。

⑫ どんな人も、愛を差し伸べているか助けを求めているかのどちらかととらえることができる。

6

アティテューディナル・ヒーリングのグループ

――「聴く」姿勢を身につけるためのトレーニング

全体的な進め方

水島　それでは、今からグループの説明をさせていただきます。今から皆さんに、アティテューディナル・ヒーリングのグループをちょっと変わった形で体験していただきます。このグループの目的は、聴く姿勢を身につけるというトレーニングですから、あくまでも聴くほうがメインになります。話す方はそのための練習の場を提供するという役割です。

皆さん、お一人一回、話していただきます。お一人の持ち時間は五分間です。五分間で何を話していただいても結構ですが、先ほどのガイドライン④（40ページ）にありましたように、ご自分の話をしていただくということ。あと、ご自分の気持ちを中心に話していただくということです。

五分間という時間は状況説明を始めてしまうととても短い時間なので、細かい状況説明はしないでいただきたいんです。その気持ちを理解するのに最低限必要な状況だけお知らせいただければ結構です。こういう状況で自分はこういう気持ちだということを中心に話してください。

ご自分を主語にして話していただきます。例えばご家族が病気だという話をしていただいてもかまわないんですが、その場合でも、うちの家族はこう感じていると思う、とその人に成りかわってしゃべるのではなくて、家族が病気なので自分はこういう気持ちになるというふうにお話ししていただきたいと思います。

話の中身はなんでもいいんですが、ご自分の気持ちを中心に話していただきたいので、たぶん悩みごとのほうが話しやすいと思います。気持ちが出るという意味では悩みごとが話しやすいと思いますので、お勧めです。

そうやって五分間話していただくのですが、ここで注意していただきたいのは、今日のガイドライン②（25ページ）にあったように、自分自身に評価を下さないで話をするという練習をさっそく始めていただきたいということです。できるだけ評価を下さないように、出てくるがままに話してください。「どうしよう、何を話そう、何を話そう」と言っているうちに五分間終わってしまうということでも全然かまいません。格好つけて話すということをせず、ご自分に評価を下さずに話していただきたいと思います。五分たちますとこのタイマーが鳴りますので、タイマーが鳴ったら終えてください。タイマーが鳴るまで時間はまったく気にしなくて結構です。

五分たちましてお話を終えたら、私が皆さんのところにこのカード（163～167ページ）を持ってうかがいます。カードを出しますので、一枚引いてください。ここからは半分遊びです。引いていただくと字がいろいろ書いてありますので、それを声に出して読んでください。そして、そこに書いてあることが今の自分自身や、あるいは自分が話したことに対して何か意味があるなと思ったら、それを感想という形で結構ですから簡単にお話しください。ただ、半分遊びですから、ピンとこないなと思ったら「ちょっとわかりません」と言って返していただいて結構です。そこまでが話すほうのお仕事です。何かその点について、ご質問はありますか。とくにないですか。何をすればいいか、わかりましたか。

相手の「現在」にとどまる

水島　そして今度、聴くほうはどうするかということです。こちらが今日の主役になります。聴くほうの皆さんには、アティテューディナル・ヒーリングの聴き方をしていただきます。アティテューディナル・ヒーリングの聴き方とは何かというと、朝からお話ししているように、過去とか未来にさまよってしまう頭を現在に引き戻しながら聴くということです。

いすの向きを変えたりしていただいて結構なので、相手をちゃんと見て聴くことをお勧めします。なぜかというと、相手を見ないで聴いていると、頭の中で自分の考えがまた回り始めますので。見てしまえば嫌でも聴くしかないので、相手そのものを見ることをお勧めします。

まれに目をつぶっていたほうがいいという方がいらっしゃるんですが、相手を見て聴いたほうが聴けるという方のほうが多いようです。相手の話を聴いていると、五秒もするとすぐ何かの考えが出てきます。「あっ、ここのところは」とか、「あっ、私もこういうことあった」などと、いろいろなのが出てきたり、「この人って」というような考えが出てくるので、出てきたらすぐに「ああ、また過去のデータベースに入った」と思って、「現在、現在」とただ戻ってきてください。その人の現在を聴くということですね。

データベースに入ってしまった自分を責めている暇はありません。五分しかありませんから、「あっ、データベースに入っちゃった」と思ったらすぐに戻って、また何秒かすると入ってしまうので「ああ、戻らなくちゃ」というふうに、何十回、何百回と戻ってきていただくようになります。そうやって聴いていただくわけです。

今日の目標は、現在の相手の話だけを聴けている時間を瞬間でもいいから持つということになりますので、そのために頑張ってください。

「問題」として聴かない

水島　もう一つの聴き方のコツとしては、相手の話を「問題」として聴かないということです。今、皆さんに悩みを話してくださいとお願いしたので結構難しい話が出てくると思いますが、それを解決すべき問題のように聴かないでいただきたいんです。なぜかというと、主役は「相手」なんですね。その方の本質は愛で、プロセスがあって、たまたま今の小道具として悩みがあるというだけですから、その人の本質を聴くような気持ちで聴いていただきたいんです。「問題」として聴いてしまうと、「問題さん」というのが主役で、この方はただそれを持っているだけの人というような感じになってしまいます。そういう聴き方をしないでいただきたいんです。

ですから、「問題」として聴かずに、心構えとしては、相手の本質は愛であり、プロセスというものがあって、今は大変そうだけれども、でもきっと本質が愛の人なんだから大丈夫なんだなというような、そこはかとない安心感を持って聴いていただくと聴きやすいかと思います。

今お話ししたように、コツとしては、過去や未来に行く頭を現在に何度も意識づけ直すということ、そして「問題」として聴かない、という二点ですね。そういう聴き方をしながら、瞬間でもいいから自分の考えがなくなり相手の話だけが聴けていたという時間を持てるようにトレーニングをしてみてください。

もう一つ大切なこととしては、今日は聴き終わったあとのコメントはいっさい禁止いたします。どんなに賢いアドバイスを思いついても言えないですから、考えないでください（笑）。本当に聴きっぱなしです。聴くことだけが仕事になります。ちゃんと聴いていたかをあとで試したりしませんから、ただ聴いていていただければ結構です。それが聴き方です。なんとなくやるべきことがわかりましたでしょうか。

話す順番はまったく決めませんので、準備ができた方から順番に話していただければと思います。人間のタイプとして、「何を話そう」ということが気になりやすい方は早目にお話しになることをお勧めします。なぜかというと、今日は聴くための練習なので、最後まで「何を話そう、何を話そう」と自分の世界に入ってしまっていると聴く練習が全然できなくてもったいないからです。心配性の方は早目に話してしまったほうがいいですね。準備ができた方からお話しいただいて、お一人終わったら、二、三回呼吸して次の方に進んでいくというようなやり方でグループを進めていきたいと思います。ご質問はよろしいですか。では、どなたからでも。

グループの例

トニ　ここに来て、朝、勉強があって、本当に自分は過去のデータベースに生きていたんだなと思いました。未来のことを心配しているつもりだったのに、結局過去の引き出しから、これがあったから、じゃあ未来はこうなるだろうって決めているんだなというふうにすごく気がついて、びっくりしているんですけど。

私は今、悩んでいることがいっぱいあるんです。でも、その悩みさえも結局過去のデータベースにとらわれているんだということに気づいて、何て言ったらいいかわからない気持ちなんですけど。とりあえずかいつまんで言うと、今私は派遣社員で、そこで自分の分野と全然違う翻訳をしているんです。もともとは料理人なんです。ずっと三歳から料理をやっている人間なんですけど、なのに、その世界が嫌になったんですよね。とっても無駄が多い世界なので、飲食店というその仕事が本当に嫌になっちゃって、十五年働いてやめたんです。

それから、違う仕事はないかしらみたいな感じで、たまたま英語ができるから会社で仕事をするようになって、まったく違う世界を見られて楽しかったし。これでもう二年半ぐらいやっているんですけど、それはそれですごく楽しい。上司に承認をもらうとか、そんなの厨房の世界では絶対にないことなので、おもしろくておもしろくてしょうがなかった。「ＯＬプレイ」なんて言いながら今もやっているんですけど、会社の仕事以外にいろいろなことがあったんですよね。いろいろなところで、例えばこころの癒しみたいなワークの通訳をやってくれないかとか、こういうところで食事をつくってくれないかとかということがたくさん、二年ぐらいの間にちょこちょこあったんですよね。

それをやりながら平日はＯＬをやっている。子どもが一人いるから、その子を一人で育てながらなんですけど。会社員というＯＬプレイが今も楽しいんですけど、その自分とのギャップにもう耐えられなくなってきて。会社で働くこと自体は嫌じゃないんですね。すごい安心できるから。

何でかというと、私が離婚をしたりしたときに、物質的なものとか、金銭的なものとか、すべて失ったんですよ。自分の命も子どもの命も守られていたから、大丈夫だったから、すべてじゃないですけど。本当にどん底になって、あした、どうやって食べていこうみたいなところにずっといたから、怖くてしょうがないんですよね。またあんなことになるんじゃないかなという、それが本当に過去のデータベースなんだなとわかったのですが、自分だけだったらいいけど、子どもがいるしなと思って（涙）。何で泣いているのかわからないですけど（泣き笑い）。

でも、せっかく生まれてきたから、自分のやりたいことだけを、今やりたいことをやりたいなと、今朝もずっとそんなことばっかり考えていたんですけど。それを考えたときに、またあんなことになったらどうしようって怖くて怖くて、このままずっとＯＬプレイを続けていけたらどんなに楽だろうって思ったりしている毎日なんです。さっさと会社をやめて自分の好きなことをやっちゃえばいいじゃんって人には言われたり、自分でも思うんですけど、やっぱり怖くて、いつまでビビッてるんだよって自分にまた怒ってしまったりとかして、まだやっぱり整理できないんです。すごくしたいことがあるという、漠然としているんですけどはっきり見えているものがあって、その扉を開けるのがものすごく怖いなと思いながらここ一年ぐらいいるという状態なんです。

失ったわけじゃないのに失ったと思っている自分って何なのかなっていうところがありますし、子どもに迷惑かけちゃいけないというのがありますが、やってみたいなと思う気持ちが強くなってきています。

（ファシリテーターがカードを差し出し、トニ、カードを引いて読む）

トニ　**「私は見ている世界の被害者ではない**

私が見ているものは、私のこころの反映です。私はいつも、自分がとらわれている考え、気持ち、態度を外の世界に投影するのです。自分が何を見たいかという考えを変えることによって世界を違うふうに見ることができます。今日一日、自分は被害者だと考えたくなったときはいつでも、こうくり返します。

愛のある考えだけが真実だ。この状況で、あるいはこの人に対して、愛のある考えだけを持とう」

過去がすごくつらかったというところにフォーカスしてみると、それが何かのしこりとして残ってしまうと思ったんです。でもそうじゃなくて、ちゃんとそこを生き抜いてきたから今があるのだから被害者ではないしと思っていたときにこのカードをひいたので、ちょっとびっくりしました。「この状況で、あるいはこの人に対して、愛のある考えだけを持とう」というところが、私は自分に対して愛のある考えだけを持ってみれば、怖いと思っていたことが違うふうに見えてくるなと思いました。ありがとうございます。

（この後、ほかの参加者も同様に五分間の話をし、カードを引く）

相手の現在が聴けたとき

水島　これで皆さま、お話しになりましたね。では、グループの感想をうかがっていきたいのですが、よろしいですか。まず、先ほどのグループで、今日目的にしていた「聴くこと」、相手の話だけを聴けていた瞬間が一瞬でもいいのであった方、どのくらいいらっしゃいますか。（全員が手を挙げる）結構です。ありがとうございます。一応、皆さん、聴けたという感じですよね。一瞬でもいいので、相手の話だけが聴けていたときというのはどんな感じだったか、思い出して話してくださいますか。何でも結構です。

よしこ　楽でした。

水島　楽な感じ。ほかの方もそんな感じでしたかね。（皆、うなずく）

✿「自分」がなくなる

英長　人ごとなんですけれども、自分なんですね。だからもちろん私は男ですけれども、女性の病気の話にしても、やはり私なんですよね。

水島　自分と相手の境い目がないというか、「自分」というものがなくなっていた感じというのは感じられましたか。逆に言うと、日ごろいかに自分というものを感じて生きているのかということかもしれませんけれども、そういう感じはわりとありましたか。

なつよ　評価を下さずに聴くということで、つながっているという気持ちを受けました。

水島　つながり感というのはやっぱり持たれましたでしょうか。とくに、状況説明を聴いているときよりも人が気持ちを話しているときにつながりを感じませんでしたか。（参加者、うなずく）

今日の時点では、本当に一瞬しかそういうときがなかったので、今、「こういうのがありましたか」と言っているときにピンとこない方がいらっしゃってもまったくかまいません。今日は本当にコツだけつかんでいただいたので、これから日常生活の中でどんどんこれをやっていただくと現在にいられる時間がもっと長くなってきます。今、そういう一瞬がなかった方もそんなに心配しないで結構です。気持ちを話してもらったほうがつながるというのが、あのガイドライン④（40ページ）が言っていた「さらけ出すほどつながりを感じる」ということなので、それはちょっと経験していただけたでしょうか。ほかにどんな感じがありましたか。

✤愛をもって聴くと、愛を受け取る

よしこ　さらけ出してもらっているときというのは、あたたかい気持ちになって、「百パーセント、オーケーよ」というふうな、そういう感覚を持って聴くことができました。

水島　ほかの方はどうでしょうか。かなりつらそうな話をうかがっていて、普通の常識でいくとつらい話を聴くとつらくならなければいけないはずなのに、なぜかあたたかい、いい気持ちになってしまったという方、いらっしゃいましたか。（数名、うなずく）

まだ今日はそこまで感じなかったかもしれないですが、これからもっと感じるようになるかもしれません。つらい話を聴いたのになぜあたたかい気持ちになってしまったのかというところなんですが、これがまさに「与えることは受け取ること」ということなんですね。皆さんに「問題として聴かないでください」と先ほどお願いしましたよね。あの時点で、実は皆さんに怖れの姿勢ではなくて愛の姿勢で聴いてくださいとお願いしていたので、聴くということが愛を与えていたということだったんですね。

ということは、与えることは受け取ることですから、愛を自分も受け取っていたということです。つまり、聴いていて、そのときに感じていらっしゃったほんわかとしたあたたかさというのがここで言っている愛というものなんだなと、そんなふうに感じられたと思います。

✤「共感」と「共鳴」

水島　なかには、そうは言っても、つらい話を聴いていてつらくなった方もいらっしゃったと思うんです。それは実は「共鳴」といわれている現象で、つまり相手のつらさという部分に引っかかってしまったんですね。そういうときには、「ああ、自分もあんなにつらかった」とか、「こういうのってつらいものなんだ」というような自分の過去のデータベースのほうに入ってしまっているので、つらさを感じるということです。「共鳴」と「共感」は違うもので、共感というのは、今皆さんされたと思いますけど、相手の現在にいながらできるものなんですよね。でも共鳴というのは、すでに「つらさ」という、相手の現在を離れた違うテーマに入り込んでしまっているときなのです。これからも人の話を聴いてつらくなったときは「ああ、相手の現在を離れたな」「データベースの中に入ったな」というふうに感じていただければと思います。つらい話を聴いているのに意外とあたたかい豊かな気持ちになっているとしたら、「相手の現在にいられているんだな」というふうに、そんなふうに見ていただけるといいと思います。

実は今、もう一時間以上も人の話を聴いているんですが、これを全部、データベースの聴き方で、「問題」として聴いて、ずっと共鳴していたら、すごく疲れると思うんですね。一時間以上、人の悩みごとを聴き続けたわけですからすごく疲れるはずなんですが、皆さん、意外と疲れていらっしゃらないいんじゃないかと思います。どうですか。(皆、うなずく)さっき楽っておっしゃいましたよね。普段、人の悩みごとを一時間以上ただ聴いたら、絶対疲れますよね。ですから、今、違う聴き方ができていたということだと思うんです。

今日、それでも疲れたという方もいらっしゃると思います。もちろん今日始めたばかりですから、これから現在にいられる時間が長くなってくるともっと疲れなくなってくるので、今後を楽しみにしてください。ほかに何か気がつかれたことはありましたか。

まゆみ　たぶん、今の疲れないというところとつながると思うんですけれども、頭の中が全然忙しくなかったですね。本当に、ただあることに自分が集中できているという感じで、目まぐるしく何も動かないというか。

水島　話を聴いていて、楽とか、ほんわかした感じとか、わりと頭がすっきりした感じとか、意外と話を聴くのっていいもんだな、というような感じがちょっとしましたでしょうか。今日は本当にちょっとかもしれませんが、これがさっき「あとでわかりますよ」と言っていた、「こういう聴き方は自分に対しても最高の贈り物」という部分につながるのです（92ページ）。今日はまだ「最高」というところまではいかなかったかもしれませんが、「人の話を聴くっていいもんだな」というふうに感じられたかなと思います。つまり、「聴いてあげる」というのではなくて、自分のために聴く。「聴くのは案外いいもんだな」というようなことを、今日ちょっとでも感じられていたらいいと思います。

ほかに何か気がつかれたことはありますか。

ひろみ　コメントはいっさいなしでということだったので、本当に聴くことに集中できたんですよね。日ごろは「何か言わなくちゃ」というように結構思考が働いているようで、その違いに気づきました。

水島　ありがとうございます。いかに日ごろ疲れる聴き方をしているか、という感じですよね。

英長　日ごろ、耳の存在ってあまり意識しないんですけど、今日は「全身が耳」という感じですね。私はとくに話す仕事をしていますから、こういう瞬間というのはすごいですね。いつも「全身が口」ですから。

「聴く」ためのトレーニング

かおる　過去の自分の経験などにすぐ結びつけちゃう自分がいるんですね。相手の顔を見てくださいとか、相手のほうを向いてやってみてくださいと言われて、あまり意味もわからなかったんです。でも、ちょっと相手から視線を外してしまうと、すぐ自分の思考がその人の話じゃなくて自分の過去のほうに行っていて、「これが過去に行っちゃうということなんだな」ということがわかりました。それを外して、その人の話を聴くというのが難しいんだなというのをすごく経験できました。

水島　かおるさんと同じように何度も頭が過去のほうに行ってしまい、それを現在に戻すという作業を、皆さん、たぶん意識されたと思うんです。意識できているということが本当にすばらしいことなので、トレーニングが始まったなという感じがしますよね。ほかに何か感じられたことはありますか。

よしこ　アティテューディナル・ヒーリングそのものの考え方と合うかどうかわからないのですが、ほとんど本名を知らない、どこにいて何をしているかも知らない人の中にいて、自分の希望するニックネームだけで参加しているということは、驚くような安心感があります。

水島　ありがとうございました。今よしこさんがおっしゃったように、今日は実はすごく聴きやすい工夫が何重にもしてあります。一つは、今言ったように、まったく知らない人たちですから、相手についてのデータベースがまったくありません。自分が脇におかなければいけないのは自分側のデータベースだけですから、それでやりやすかったというのがあったと思います。それが安心感にもつながったんだろうなと思います。

また、今日皆さんには気持ちを中心にお話しくださいというふうにお願いしてありました。気持ちの部分はやっぱりつながりを感じやすい、気持ちのところは聴きやすかったと思います。けれども状況説明の部分になると、どうしてもデータベースに入ってしまいますね。状況を理解するためにデータを使おうとしてしまうわけで、今日は気持ちをよく話していただいたので聴きやすかったと思います。

あとは五分間でタイマーが鳴るというのもいいんですね。五分たてば終わるということがわかっていますから、「この話、いつまで続くんだろう」という恐怖感がなくて、それも聴きやすさにつながったと思います。また、コメントをしないでくださいと禁止してあったので、「このあと、何を言おう」というのを考えなくてよかったので聴きやすかったと思います。

このように、いろいろな意味で今日は聴きやすい状況をわざとつくったんですが、これを今後日常生活でどんどん取り入れていっていただく際には、もちろん相手についてのデータベースも、家族の場合などはとくにいっぱいありますから、脇におかなければならないものもたくさんあります。ただ、基本的にやることは同じなんですね。

あと、今皆さんは気がつかれたと思いますが、こういう安心な雰囲気だと気持ちを話しやすくなるんですね。ですから人の話をよく聴きたければ、まずはこういう雰囲気をつくって聴くようにすると相手が気持ちを話しやすくなる、そして自分も聴きやすくなるということです。今やったことをどんどん応用していけば、日常生活でも人の話が聴けるようになると思います。これからは普段の生活の中で、人が話しているとき勝手に自分で「今から五分間、あの聴き方をやろう」と決めて、五分間集中してみてはいかがでしょうか。今みたいに聴いてみて気持ちよさを感じてもいいし、あるいは相手が家族など親しい人だったら、五分間はちょっとケチですからタイマーを二十分でセットして、「今から二十分間、よけいなことをまったく言わないでなんでも聴いてあげるから、自分の気持ちを話してごらん」と言って、二十分間ただ聴くというのをやってみるだけでも、ずいぶん関係性が変わると思います。そんなふうにして日常生活でこの聴き方をやっていっていただくとトレーニングになるので、だんだん現在にいられる時間が長くなると思います。

もちろん完璧を目指すものではないですし、すぐに過去のデータベースのほうに入ってしまうこともあるでしょう。けれども、また戻ってきて、そこにいられる時間が延びてくるというような感じになると思いますので、ぜひこれから取り入れていっていただければと思います。

ほかに何か、聴けていた瞬間について気がつかれたことはありましたか。とりあえずご自分の気持ちは平和でしたよね、そういう聴き方のときは。今日は自分のこころが平和かどうかというのがいちばんのポイントなので、そこが押さえられれば十分です。こういう聴き方をすると自分のこころが平和になるんだなということを感じていただければよかったと思います。

アドバイスがないことによる安心感

水島　では、聴くことについては以上にして、今度は話すほうですね。今日は話すほうは練習台という役割だったのですが、せっかくですからついでにうかがっておきましょう。今日は何のコメントもないという状況でお話をしていただいたんですが、例えばコメントがあることが事前にわかっていたら違う話をしただろうな、話し方がちょっと変わっただろうなという方は、どのくらいいらっしゃいますか。（何人か、手を挙げる）結構いますね。ありがとうございます。どういう感じだったか、ちょっと言っていただけますか。

もとはる　なんの先入観もなくしゃべれたので、普通に思ったままの言葉をそのまま伝えるだけでよかったんですけど、もしここで相手の批判とかアドバイスとか入るのであれば、たぶんそれを予測したしゃべり方になっていたと思います。構える姿勢で話して、思ったことがうまく伝わらなかったんじゃないかなと思いました。

水島　今、手を挙げられたほかの方もだいたいそういう感じですか。今日はアドバイスというのではなくて、いっさいのコメントを禁止したわけですが、アドバイスをしないでくださいとガイドラインで言っている理由がまさに今のお話ですよね。それが返ってくるとしたら、ちょっと危険だから少し防御しておかなくちゃみたいなことで、本当にさらけ出して自分のプロセスを進めていくことができなくなってしまうということですよね。それを感じていただけたかなと思います。

その一方では、どうですか。コメントがなかったのでちょっと不安定だった方はいらっしゃいますか。（一人、手が挙がる）どういう感じでしたか。

うぶかた　僕、営業なものですから、職業柄、常にお客さんと相対してお話をさせていただいているので、これだけの人数を相手にすると、今度は逆にプレゼンという形になるんですね。ですから、ある程度のレジュメがあってというような話になってきますので、またちょっと話し方が変わってきます。フリートークとなると、今度は相手との話し合いの中で質疑応答があって話を進めていくというのが僕の中でしみついちゃっているものですから、こういう状態の中で話をするのはかなり厳しい状況ではありました。

水島　ありがとうございます。たぶん私たちって日ごろ、人がどう言うかによって自分の現在位置を評価しながら進んでいるんですよね。人が喜んでくれているかとか、場違いな話をしていないかとか、そういうのを確認しながら話しているのだと思います。それがアティテューディナル・ヒーリングの言葉を使えば「自分に対して下している評価」みたいなことになるんでしょう。日ごろそれに慣れていると、突然それがなくなるとすごく不安定に感じるかもしれません。でも、コメントがなかったわりには意外と気になった方が少ないというのは、たぶん感じていらっしゃったあたたかさみたいなものがあったかなと思うんですが、どうでしょうか。話していて、あたたかさみたいなのって感じましたか。（皆、うなずく）

かおる　言ったあとの何の反応もないシーンとした時間がドキドキするんですけど、そのドキドキしたあとに、「あ、そうか。何も言われないという前提なんだ」という安心感というか、なんとなくそういう感じがある気がしました。

英長　シーンとしているのが、受け入れられているという証明みたいな感じ。「沈黙は金」というのはちょっと違った意味で使われますが、何かちょっと違った意味で「沈黙は金だな」という……。

よしこ　私はずいぶんヘビーな話をしたと思うんですけれど、普段、ああいう話を初対面の人にまずしないですよね。した場合に、絶対に引かれると思うんですね。だからそれも嫌でいつも黙って、自分のプライバシーに関係のあることはほとんど言わないようにしているんです。ここでは安心して言えるんだというふうに気がついて、言ったときに思っている以上に気が楽になり、安心して言えたんです。そういう場が本当に必要だったんだなと感じました。

水島　ありがとうございます。さっき共鳴と共感という話をしましたが、共鳴されてしまうと、結構、話し手にとってつらいときがありますよね。つらい話をしたら相手がつらくなったり引いたりすると、「こんなつらい話をしちゃって、私は悪いことをした」と思ったり、「そんなに私っておかしいの」というような気になったりとか、いろいろありますよね。共鳴されない、共感してもらえるような雰囲気って、今感じられたような価値があるのかなと思います。ということで、非常に特殊な雰囲気ではありますが、問題としては聴かないんだけれども、そのおかげでかえって距離が近づくというような、もっとあたたかいような、なんとも微妙な距離感を感じていただけたらよかったと思います。ほかに何かグループ全体を通して気がつかれたことや感じられたことはありましたか。

なつよ　普段、自分の中で意識していないものが口から出てきたり、口に出すことによってもう一度自分に戻ってきて整理し直すことができるという、とてもいい場だなと感じました。

水島　どうですか。もとはるさんは五分たたないうちに話が終わってしまって、時間が残っていたのですが、いかがでしたか。

もとはる　頭の中がガーッと回転して、何しゃべろうかな、どうしようかな、この場をどうしのごうかなとか、いろいろなことを考えちゃったんですけど(笑)、ただ、それもあたたかい目で見られていたので、決して恥ずかしいことじゃないなと。逆にそれを自分が受け入れられたので、そういった自分も今度は受け入れてもらえるように、すごくリラックスして優しい気持ちになれました。

水島　今までのワークショップでもあったのですが、五分たたないうちに話が終わってしまう方の場合、あとになってから本当の素直な気持ちが出てきたりすることも多いですよね。

「カード」による気づき

なつよ　引いたときのカードが、自分が話したことにあまりにもピタッと合った内容だったので、すごくびっくりしました。

水島　そういうふうに感じられた方はいらっしゃいますか。結構手が挙がっていますね。おもしろいですね。

トニ　自分が引いたカードもそうなんですけど、人が引いたカードを聴いていて、「あー、これは私にももらえているメッセージなのかな」というような、不思議な感覚が何度も何度もありました。ひょっとしたら私が引いたカードも、だれかがそんなふうに感じていたのではないかなと、ちょっとそういう気持ちになりました。

ひろみ　人の引いたカードも自分のことのように感じられて、そこでグループ全体がつながっているんだなということを実感しましたね。

英長　あらゆる問題が出ても、あのカードを引くとそれに全部適合するような、そういう広い世界というのを感じますね。

トニ　あれだけの数の中で、いろいろなことが書いてある長いのもあるんですけど、どうやって聴いていても、愛か怖れかというところばかり書かれていますよね。いろいろな書き方をしているだけで、やっぱり同じことを書かれているなというふうに思って、人間というのは愛と怖れというやつしか選択していなかったんだろうなという不思議な気づきみたいなものもあり、もっと知りたいなと思いました。

水島　ぜひこれからもあのカードを使っていただきたいんですが、おもしろいもので、あのカードをただ普通にペラペラ読んでいっても、こんなにこころにしみないんですね。今日は皆さん、本当にさらけ出してお話をされたあとに読むから、それだけしみるという体験をされたと思います。これからカードをおうちで使っていただくときにも、自分一人しかいなくても、今日自分はこういう気持ちでこうだったな、というようなことを考えてから引いていただくと、すごく入りがいいと思います。ぜひまたカードを活用してみてください。

「ランプのかさ」ではなく光だけを見る

水島　さて、ここで振り返りたいのが、先ほどガイドライン⑧のときに「あとでこころで体験していただきます」と言っていたものなんです（55ページ）。覚えていらっしゃいますか。「ランプのかさではなく光だけを見るようにし」というのがありましたよね。今のグループで、相手の話だけが聴けていたときというのは、実はそのときに相手がどんな言葉を使っていたかとか、それこそどんな洋服を着ていたかとか、どんな顔でしゃべっていたかとか、あまり覚えていないものなんです。いかがですか。（皆、うなずく）

すごくいい雰囲気だったのは覚えていて、相手のあたたかさは感じていたけれども、細かくどうだったかというのはよく覚えていないと思うんです。これが実はガイドラインが言っているように、「ランプのかさ」ではなく「光」だけを皆さんが見たということなんですね。光が見えてしまったときには、ランプのかさの部分ってほとんど気になりません。日ごろ私たちはわりとあら捜しから入りますよね。ランプのかさから見始めると、「あの人、あんな言葉を使っている」「あんな洋服着ている」というようなところから入るのですが、そうではなくて、今みたいに「光」のほうから入ってしまうと、「ランプのかさ」の部分というのはほとんど気にならなくなっているというのを体験していただけたと思います。どうですか。そういう感じがしましたか。「これはこころでやるものです」というのは、そういうことを言いたかったのです。

なつよ　外見を見ていると、外見でその人のイメージというのが自分なりにできてしまいますが、お話を聴いていることによって、目に見えているものではない、その人の本当にあたたかいこころが伝わってくるというのはありましたね。

水島　そのときに、「私たちの本質は愛」というようなことを相手の中に感じられましたか。

なつよ　はい。

気分を害している理由は、
自分が考えているものではない

気分を害しているのは、ほかの人がやったことや状況や出来事が原因であって、自分ではコントロールできないと考えがちです。実は、怒り、嫉妬、落ちこみといった形をとる気持ちはすべて、怖れをあらわすものです。そして私は愛と怖れのどちらを経験するのかを選択することができます。人に差し伸べることによって愛を選ぶのであれば、私の怖れは払いのけられ、どんな理由によっても気分を害する必要はないということを認めることができます。

今日一日、怖れを感じそうになったときには、私はその代わりに愛を選ぶことができるということを思い出します。そして、こう言います。

私のやすらぎは自分の中からしか得られない。ほかのどこからも得ることはできない。

私がほしいのはやすらぎだろうか、
それとも葛藤だろうか

やすらぎを求めるのであれば、与えることにのみ関心を向けます。葛藤を求めるのなら、何かを得ることや、なぜそれが手に入らないのかということに関心を向けます。

すべてのコミュニケーションについて、自分にこう問いかけます。

このコミュニケーションは相手と自分に愛を向けるものだろうか？

（基本のカード）

攻撃的な考えを捨てれば、
この状況から逃れることができる

他人に対する攻撃的な考えは、本当は自分自身に向けられたものだということを、今日認めます。人を攻撃することで自分が求めるものが手に入ると信じるときは、いつも自分自身をまず攻撃しているのだということを思い出します。今日、私は自分自身を二度と傷つけようとは思いません。

今日一日、攻撃的な考えによって自分を傷つけそうになったときは、決意を持ってこう言います。

私はたった今、やすらぎを経験したい。全ての攻撃的な考えを喜んで手放し、代わりにやすらぎを選ぶ。

私はものごとに対して
違う見方をすると決心する

人生のほとんどの間、私はまるでロボットのように振る舞ってきました。ほかの人が言ったことややったことによって反応するようにプログラムされていたのです。今、私は自分の反応は自分で決められるということを認めます。私は怖れではなく愛をもって人や出来事を見ると決めることに自分の力を使い、自由を宣言します。

今日一日、怖れの目を通して見そうになったときは、決意をもって自分にくり返し言い聞かせます。

私はロボットではない。私は自由だ。私はものごとに対して違う見方をすると決心する。

世界に対する、
もう一つの見方がある

怖れの目を通して見る世界は、本当に恐ろしい世界です。でも、もう一つの見方があります。身近に慣れ親しんだ人やものごとを、まるで初めて出会うかのように見ることも選べるのです。過去の経験からくる怖れを捨てれば、いたるところ、あらゆる人々の中にある美しさ、喜び、満足を味わうことができます。

怖れを感じるときはいつでも、こうくり返します。

これは、恐ろしい世界からあなた（名前を言う）と私自身を解放する瞬間だ。私たちは一緒に愛のある世界を見ることができる。

私は見ている世界の
被害者ではない

私が見ているものは、私のこころの反映です。私はいつも、自分がとらわれている考え、気持ち、態度を外の世界に投影するのです。自分が何を見たいかという考えを変えることによって世界を違うふうに見ることができます。

今日一日、自分は被害者だと考えたくなったときはいつでも、こうくり返します。

愛のある考えだけが真実だ。この状況（特定する）で、あるいはこの人（特定する）に対して、愛のある考えだけを持とう。

怖れるものは何もない

愛の目を通して世界を見ると、怖れるものは何もないということがわかります。愛と怖れを同時に経験するのは不可能です。怖れているときにやすらぎを経験するのも不可能です。

今日、私は愛だけを経験することを選びます。そのために、こう思い出します。

怖れるものは何もない。

混乱の代わりに
やすらぎを見ることができる

私は、一日のほとんどを、あまり意味のない、断片的な出来事の連続として見ています。この日々の断片的な体験は、私の中の混沌を反映しているものです。今日、私は、自分についても、世界についても、新しい見方を喜んで受け入れます。

やすらぎが、何かやだれかによっておびやかされていると感じるときはいつでも、こうくり返します。

私は、怖れでバラバラになった世界を見るのではなく、やすらかで一つにつながった世界を見ることを選ぶ。

与えることと受け取ることは同じ

与えることと受け取ることは同じことであり、同時に起こります。自分が与えるものしか受け取ることはできません。これはどんな状況でも、どんな人間関係でもいえることです。

今日一日、私はやすらぎと愛を受け取りたいので、出会う人すべてに対してこころの中でこう言います。

私はあなたにやすらぎと愛を与え、そして自分でも愛とやすらぎを受け取ります。

どんな形の怖れも正当化されない

過去の怖れや未来の夢にこころを奪われることもできますが、生きているのは現在のこの瞬間だけです。この瞬間が貴重なのは、ほかのどんな瞬間とも違うからです。人間としての成長や自己実現の機会はいつでも存在していますが、今ほどふさわしい瞬間はありません。ここほどふさわしい場所もないのです。

今日、過去や未来に生きそうになるときには、こう思い出します。

私は何も怖れることなく、今ここに生きることができる。

私が与えるものは全て
私自身に与えられる

私は、自分がほしいもの以外のものを人に与えられると間違って信じていました。私はやすらぎ・愛・ゆるしを求めているのですから、人に与えられる贈り物はそれらだけなのです。攻撃の代わりにゆるしと愛を人に与えるのは、施しではありません。愛を差し出すことが、私自身が愛を受け取れる唯一の方法だからです。

今日の全ての状況と出会いにおいて、私はこう言います。

私が与えるものは全て私に与えられる。自分がほしいものを、今与えているだろうか。

ゆるしは幸せへの鍵

だれかほかの人が悪いと思うときはいつでも、自分自身の罪悪感や自分には価値がないという思いを強化しています。他人をゆるそうという気持ちにならない限り、自分自身をゆるすこともできません。人が過去に私に何をしたか、私が何をしたかは、問題ではありません。ゆるしを通してのみ、罪悪感と怖れから完全に解放されます。

今日、私は自分自身と他人に対する過去の思い違いを全て手放すことを決めます。その代わりに、私は全ての人と一つになって、こう言います。

私は本当のゆるしの光の中でしか、あなたと自分自身を見ない。

今日、起こることには
何も評価を下さない

自分の視野がどれほど限られていたかに気づかずに、私は人生の中で人や出来事に対して評価を下すことができると思っていました。でも、困難やひどい経験の多くが、自分自身の認識を変えるための重要な機会を与えてくれました。これらの困難がなければ、全ての人が自分が最も必要とするレッスンを学ぶ機会を与えてくれるということがわからなかったでしょう。

今日、私は起こること全てに対して評価を下さずに見ます。そして、くり返し思い出します。

全ての人が、愛されるために私と共にいる。評価を下されるためではない。

無防備の中に安全がある

攻撃的な世界に対して防衛的な反応をしてもうまくいきません。なぜなら、それは自分自身が弱く傷つきやすいという感覚を増すからです。防衛的になれば自分は守られると信じているのは、怖れている人だけです。攻撃と防衛の終わりのない連鎖にとらわれるということに気づいていないのです。でも、無防備なこころは力です。攻撃されることはありません。今日、私は防衛的であることは自分を守らないと認識し、私が本当に求めているものとは正反対の結果をもたらすということを認めます。

今日一日、おびやかされて感じたら、こうくり返します。

無防備の中に、安全と強さがある。私は今日、弱さを捨て去ることを選ぶ。

過去は終わった。
私に触れることはできない

過去をよみがえらせ続ければ、私は時の奴隷になります。過去をゆるし手放すことによって、現在に持ち込んだ苦しい重荷から自分を解放することができます。今、私は過去の歪みなしに現在の自由を求めることができるのです。

今日、自由を目標としてこう言います。

私はこの瞬間に生きることによって、過去の痛みと苦しみから解放されることを選ぶ。

あるのはこの瞬間だけ

過去にとらわれ、それを未来に投影すると、現在のやすらぎという私の目的をだめにしてしまいます。やすらぎは過去や未来ではなく、今、この瞬間にしか見出すことはできません。過去は過ぎ去っており、未来はまだ来ないのです。

今日私は、過去や未来の幻想なしに、完全にこの瞬間を生きることを決意します。

あるのはこの瞬間だけ。

人を傷つける考えを
全て変えることを選べる

考えの中には、自分を傷つけるものも、自分の力になるものもあります。自分の頭で何を考えるかを常に選んでいるのは私自身です。ほかの人はだれも私の代わりに選んでくれないからです。私は愛のある考え以外は全て手放すことを選びます。

今日、私の全ての考えを、自分自身や他人への怖れ・罪悪感・非難から解放することを決意します。そのためにこうくり返します。

人を傷つける全ての考えを変えることを選べる。

非難だけが私を傷つける

非難することをやめれば、私は罪悪感と怖れから自由になれます。私が他人を傷つけてよいと信じれば、他人も私を傷つけてよいと信じなければなりません。

今日、自分をゆるしそれを他人にも差し伸べることによって、自分自身の自由を宣言します。そのために、こう思い出します。

非難の牢獄から、自分自身と、私が知っている全ての人を喜んで解放することを選ぶ。

7

アティテューディナル・ヒーリングを深めていくためのトレーニング

――入門ワークショップ後のステップアップ

頭で理解しないようにする

水島　今日、皆さんは入門ワークショップを修了され、そして「聴く」ということについて、ある程度コツをつかんでいただいたと思います。そういう方は、ご希望があればさらにいろいろなことに進んでいくことができます。

まず、「サポートグループ」に参加していただけます。サポートグループは東京、埼玉、横浜、北海道などでやっていて、これからも増えていきます。アティテューディナル・ヒーリングのサポートグループというのは、今日の午後体験していただいたグループ（第6章）のコメントつきという形になります。コメントつきですけれども、もちろんアドバイスは禁止されています。アティテューディナル・ヒーリングは聴くことがほとんどすべてなので、だいたい今日と同じような雰囲気のグループになるんですが、そのサポートグループに出ていただくことができます。

アティテューディナル・ヒーリングについては、今日の午前中しっかりと勉強してきましたが、これは頭で理解することではありません。まず無条件に受け入れられるという、サポートグループの環境に身をおいて、みんなでガイドラインを守り、できるだけ雑音が聞こえないようなところにくり返し参加することによって、だんだんと自分のプロセスを進んでいけると思います。すでに今日の五分のお話の中でも、ご自分が話したことが自分に返ってきて、何かまたちょっと気がついて先に進んだり、というようなことがそれぞれあったと思うんですが、それを何度も何度もくり返していくというのがサポートグループです。今日お話ししたことを頭で理解しようとしないで、サポートグループでみんなで支え合って経験していっていただければと思っております。だいたいいつも二時間です。自分が話をすることもとても価値があるし、またそこに行って今日のような聴き方を二時間集中してやるということもとても意味があると思いますので、ぜひご活用ください。物理的にサポートグループに参加できないという方は、日常生活の中で、アティテューディナル・ヒーリングの聴き方をできるだけ実践してみてください。

こころの再訓練

「ボランティア・トレーニング」に参加される方には宿題があります。その一つは、先ほどご紹介したパトリシア・ロビンソンの「アティテューディナル・ヒーリングの原則の一つの定義」（189ページ）を一度は読むということ。もう一つは、今日使ったカード（163～167ページ）を毎日の生活の中で使ってみることです。

その次に「こころの再訓練をこころがける」というのがあります。「こころの再訓練」（177ページ）を出して、読んでいただけますか。

まゆみ　こころの再訓練。こころの再訓練のために、どんな状況においても、次の質問を自分にしてみましょう。①私はこころの平和を選ぶのか。それとも葛藤を選ぶのか。

なつよ　②私は愛を経験することを選ぶのか。それとも怖れを経験することを選ぶのか。

こーき　③私は愛を見つける人になることを選ぶのか。それとも欠点を見つける人になることを選ぶのか。

ひろみ　④私は愛を与える人になることを選ぶのか。それとも愛を求める人になることを選ぶのか。

まなぶ　⑤このコミュニケーション（言葉を使うものも、使わないものも）は、相手に対して愛があり、私自身に対しても愛があるものだろうか。

水島　ありがとうございます。ここに五つ、質問が書かれています。今日の「入門ワークショップ」で皆さんにアティテューディナル・ヒーリングの基本的なことは全てお伝えしたわけですが、それは例えば筋肉のトレーニングでいえば、トレーニングの仕方をお伝えしたということになります。実際にはこれから毎日トレーニングしていただかないと筋力はついていかないわけですが、こころの筋力も同じです。今日お伝えしたのはそのやり方なので、これからは皆さん、日常生活の中で、できるだけしょっちゅう思い出して、この五つの質問をご自分に投げかけながらこころを再訓練していってください。この質問の中で、その状況に合ったものを使っていっていただければと思います。

　つまり、思い出す回数が多ければ多いほど、当然、訓練になっていきます。もちろんそこにも自分のプロセスがありますから、最初は何日かに一度しか思い出さないかもしれません。その思い出せていない自分をくれぐれも責めないでください。自分が思い出せるだけ思い出してやっていくという形にしていただきたいんです。

　五つの質問の下に、「**私たちの考え、言葉、行動の多くが、愛のあるものではありません。こころの平和を求めるのであれば、他人とのコミュニケーションが、人とのつながりの感覚を増すものであることが重要です。こころの平和を得るためには、考えること、言うこと、することに一貫性があることが必要なのです**」と書いてありますね。このへんの「一貫性」というのもこころの平和に必要なものなので、本当はこう考えているんだけどわざと違ったことを言うというようなことをやっていると、こころが平和になりません。一貫性があるかどうかということにも注目しながらやっていっていただければと思います。

　この「こころの再訓練」をできるだけ心がけるということが、ボランティア・トレーニングに進む方にとっては宿題になります。トレーニングに進まれない方は今「宿題」と申し上げたものの全てがおみやげになりますので、どうぞご自分でまた役に立てていってください。

ボランティア・トレーニングはもちろんどなたでも参加できます。ですが、今日の聴き方とそうではない聴き方の使い分けができることを前提としてプログラムが組み立てられていますので、できるだけサポートグループに参加していただくか、無理であれば日常生活の中でできるだけアティテューディナル・ヒーリングの聴き方の練習をしていただく、ということを十分にやってから参加していただければと思います。

トニ　もう一回、入門ワークショップに参加してもいいんですか。

水島　もう一回、入門ワークショップに参加することもできます。とくにワークショップはほかの参加者との相性もありますから。また今日初めてで、何かちょっとヒントにはなったけれども、ちょっとストンと落ちないというような方には、入門ワークショップにもう一回参加されることをお勧めします。実際に二回受けられてすごくよくわかったという方もいらっしゃいます。ただ、くれぐれもやらないでいただきたいのは、完璧主義的に何度も入門ワークショップを受けることですね。アティテューディナル・ヒーリングは理屈で理解するものではなく、仮に入門ワークショップで私が言ったことを全部暗記しても、自分が人との間であたたかさを体験していかないとわからないことなのです。入門ワークショップにくり返し参加されるよりは、サポートグループのあたたかい雰囲気の中で、あるいは日常生活で人の話の現在を聴くことによって、ご自分のプロセスを歩んでいったほうがいいのではないかなと思います。

こころの再訓練

こころの再訓練のために、どんな状況においても、次の質問を自分にしてみましょう。

① 私はこころの平和を選ぶのか。それとも葛藤を選ぶのか。
② 私は愛を経験することを選ぶのか。それとも怖れを経験することを選ぶのか。
③ 私は愛を見つける人になることを選ぶのか。それとも欠点を見つける人になることを選ぶのか。
④ 私は愛を与える人になることを選ぶのか。それとも愛を求める人になることを選ぶのか。
⑤ このコミュニケーション（言葉を使うものも、使わないものも）は、相手に対して愛があり、私自身に対しても愛があるものだろうか。

私たちの考え、言葉、行動の多くが、愛のあるものではありません。こころの平和を求めるのであれば、他人とのコミュニケーションが、人とのつながりの感覚を増すものであることが重要です。こころの平和を得るためには、考えること、言うこと、することに一貫性があることが必要なのです。

8

入門ワークショップの終わりに

参加者からの質問

✿「カード」の使い方は?

英長　カード（163～167ページ）の使い方を説明してもらえますか。

水島　カードには毎日使う「基本のカード（私がほしいのはやすらぎだろうか、それとも葛藤だろうか）」というカードがあって、それを毎日読み、さらにもう一枚、その日の分を読むという構造になっています。カードは皆さん、いろいろな形で使われています。まず朝一枚カードを読んで、今日は一日これを意識するぞというやり方の方もいるし、会社の机のいちばん上の引き出しに入れておいて、朝一枚読んでから仕事を始めるという方もいらっしゃいます。また、夜寝る前に一日を振り返って、その日のこころの中にあるいろいろな悩みをちょっと考えてからカードを読み、「ああ、なるほど」と思って寝る方もいらっしゃいます。人それぞれですね。生活の中のどこかに習慣としてカードを入れていただけると、とても使いやすいんじゃないかなと思います。一日に何枚も読みたくなるんですが、一枚をじっくり読むという形で使っていただくのもいいと思います。

✿アティテューディナル・ヒーリングは宗教か？

めぐみ　ジャンポルスキーさんの本を読んでいると、神とか愛とか、そういう言葉がたくさん出てきます。また、こういうとってもすてきな本があるという話をしたときに、「なんかそれって、宗教じゃない」というふうに言われてしまうと、なんとなくそこで逆に怖れを感じてしまうようなこともあります。そういう意味合いにおいてはどうなんでしょうか。

水島　これが宗教的に見えるという人はたしかにいます。でも、それは違うのです。そもそもジェリー・ジャンポルスキーがアティテューディナル・ヒーリングをつくるときに基礎になった本がありますが、そこから宗教的なものをいっさい排除してつくったのがアティテューディナル・ヒーリングなのです。ですから、その時点で宗教的な要素は全て落ちています。今日の資料を見ていただくとおわかりのように、ここには、神というような宗教的な言葉は出てこないですよね。あくまでも人間のこころとか、人間関係について書いてあるものなので、基本的にはここに書いてあることだけを一生懸命やっていっていただければいいと思います。むしろ宗教的なものを排除してつくったものだというふうに理解してください。

ですから、どんな宗教をお持ちの方も同時にアティテューディナル・ヒーリングにかかわっていただけるし、宗教を信じていらっしゃらない方もアティテューディナル・ヒーリングにかかわっていただける、そういうものなんですね。ジェリーの本にはいいものが多いですから読んでいただきたいですが、そういうときに「神」という言葉が出てきたら、それは「自分の中にあるこころの平和」「自分のこころの声」のことなんだなというふうに思っていただきたいし、「愛」という言葉が出てきたときは、人に「愛ですよ」と与えるものじゃなくて、自分の中にあるポカポカとしたあたたかいこころのことなんだなというふうに読んでいただけると、ジェリーが言いたいことにいちばん近いと思います。

参加者からの感想

水島　では最後に、皆さんから感想をうかがいたいと思います。今日の感想でも結構ですし、今日学んだことでご自分の生活に持ち帰りたいことでも結構ですので、簡単に一言ずつ言ってください。これはだいたいいつも、私の真向かいにいらっしゃる方からという習慣になっているので、かおるさんからお願いします。

かおる　参加してみて、最初はアティテューディナル・ヒーリングってどういうことかわからなかったんですけど、今日「聴く」という経験を通して入り口がわかったような気がして、これからすごく活用できるなと思いました。ありがとうございました。

めぐみ　人の話を聴いているときに、その人へのアドバイスとして何か言わなくちゃ、返事をしなくちゃとか、そういういろいろな声を聴きながらいつも聴いていたということを思い出しました。人の話を判断せずに聴くということがとても心地よかったので、これから練習をして、なるべく多くそういう時間を持てるようになりたいなと思いました。ありがとうございました。

英長　私はいつも話す仕事をしておりますので、全身が口のような感じでしたけれども、今日は全身が耳のような形になりまして、私が一方的に話すということも大事ですけれども、皆さんのこころあたたまる言葉を、とにかく何のおごりもない、策もない状態で素直に聞けるということに対して、すごく喜びを持っています。やはり人間というのはどうしても怖れを持ってしまうわけですね。ですから、朝、あたたかいこころ、ポカポカのこころでいくのか、怖れでいくのかということをしっかりと二者択一して、もちろん愛を選んでいきます。

アティテューディナル・ヒーリングというものの持っているすばらしさは、人間にとってすごく理想的な状態にあるので、はっきり言って現実というのはすごく厳しい状況です。そういった意味では葛藤がこれからも続くと思いますが、その葛藤のたびにカードを見て、そして自分の中にあるあたたかいポカポカとした愛のこころを見出すべく、これからもやっていきたいなという気持ちになりました。ありがとうございます。

まなぶ　今日参加してみて、日々の生活、また仕事に対しても相当怖れながらやっていたんだなと感じました。今日カードを引いて、「怖れるものは何もない」という非常に短くてわかりやすいカードを引きましたので、毎日これを忘れずに生活していければと、あたたかいこころを持って生活していければなと思いました。ありがとうございました。

ひろみ　黙って座っているときにはわからなかったその方の考えていることや悩みを、こころを開いて聴くことで本当につながる体験をさせていただき、こころがとても豊かになりました。まわりがどうのということではなくて、外側にあるのではなくて、全部自分の中に平和もやすらぎもあって、自分がこころを開いて仕掛けるというか、つくることができるんだなということを感じました。本当に大切な宝物をいただけて、とてもうれしいです。ありがとうございます。

こーき　今日参加してみて、日々の生活で自分がどれだけ葛藤を選択していたかというのをすごく感じたので、これからはやすらぎというか、自分が平和でいられる選択をもっともっとしていけるのではないかなと感じました。ありがとうございました。

なつよ　初めのうちは、知らない方の中で自分の位置関係をビクビクしながら感じていたんですけれども、終わるころになってまったくそういう緊張感がなくなって、本当にこころがすごくホワッとあたたかくなっているのを感じ、本当にすばらしいものの感じ方を教えていただけるところなんだなと思いました。また、ガイドラインが絶対的なものじゃないというところで、「あ、宗教と違うんだな」ということを感じました。

まゆみ　自分のこころの平和を選択しないことに慣れ親しみすぎていて、それを選択したときの心地よさということに気づかずにきていたのかなと感じました。自分のこころに平和を得ることができるというか、それを本当に選びとれる自分だということで、自分も光であり相手も光であることをもっと体験していきたいなというふうに思いました。ありがとうございます。

もとはる　いつもだったら「こうすればいいのにな」という考えや、逆に自分が話しているときも相手の目を気にしすぎたりというところがありました。でも、初めてこのガイドラインを見て、今までこういった視点ってまったくなかったので、この新しい考え方、愛のある考え方を持って人と接することができれば、こんなに人と話すことが楽しいんだなという、本当にそういった気持ちを得ることができました。

よしこ　今もあたたかいこころに満たされているというか、そういう気持ちでいっぱいです。どうもありがとうございました。

うぶかた　人をゆるさないと自分もゆるされないということを今日は持って帰りたいと思います。どうもありがとうございました。

トニ　友達に勧められて来たんですけど、知らない人ばかりで……。本当に最初は来るなり、

「こころの平和」とか言って、なんか変な平和活動かなとか、そんなふうに思ったりしながらやっていたんです。みんなと仲よくなれるかなとか、そんなことを途中で考えたりもしていました。でも、こころの平和というのが自分が考えていた固定観念みたいなのじゃなかったんだなというのをなんとなく思って、早く友達に言いたいなと思いました。ありがとうございます。

水島　では皆さん、本当に今日は一日ありがとうございました。おかげさまでとても豊かな入門ワークショップだったと思います。今日はアティテューディナル・ヒーリングの入り口をちょこっと開けたという感じなので、これから皆さんそれぞれのアティテューディナル・ヒーリング・ライフを歩んでいただければと思います。またお会いできるときがありましたら楽しみにしております。今日は一日、ありがとうございました。

（参考）

アティテューディナル・ヒーリングの原則の一つの定義

●パトリシア・ロビンソン

はじめに

パトリシア・ロビンソン

一九八七年に自分が書いたものを見つけて読み始めたとき、私はそこに書かれていることが十八年後になっても自分に大きな衝撃を与えることに気づいて驚かされました。

本当に、今にいちばんあてはまるのです。

私たちは今日、非常に大きな問題に直面しています。私たちは常に外部の刺激を浴びせられています。こころの平和を見つけるのは、私たちの健康のために欠かせません。

アティテューディナル・ヒーリングの原則についての私の定義は、あなたのものとは違うかもしれません。どのように解釈しようとも、「アティテューディナル・ヒーリングの十二の原則」は、毎日を優雅に過ごすための強力なツールなのです。

私の全ての子どもたち　スザンヌ、マイケル、バージニア、マーク、エイドリアナ、ティナへ
そして
私の全ての孫たち　アレクサンドラ、カーソン、デレック、イグナシオ、ニコル、テイラーへ

序文

ジェリー・ジャンポルスキー

パッツィ・ロビンソンは、私にとって最も親愛なる近しい友人ですが、アティテューディナル・ヒーリング・センターが一九七五年に初めてスタートしたときからそこにいました。私たちがティブロンでの活動を始めたときの共同創始者の一人なのです。センターがサンフランシスコ・ベイエリアで大きく成長し、現在の所在地であるサウサリートに移るまで、センターは何年もティブロンにありました。パッツィは、ファシリテーターおよびボランティアとして、センターにこころと魂を注ぎ込みました。彼女は、センターを訪れた無数の人たちを助けてきました。他人を助けようとする彼女の献身は今日まで続き、ほかの多くの人たちの指針となってきました。

パッツィと、最近亡くなった夫のジョンは、最初からセンターを経済的に支える中心的存在でした。初期のセンターが存続できるよう、熱心に責任を果たしてくれました。ジョンはアティテューディナル・ヒーリングの原則を彼のビジネスに取り入れ、彼もパッツィも、自分自身の人生にアティテューディナル・ヒーリングの原則を生かすために最善を尽くしました。

パッツィと私がイギリスにいたとき、友人がエナ・トゥウィグという有名な超能力者とのアポイントメントをとってくれたことがありました。センターは始まったばかりでしたが、エナは、世界中にアティテューディナル・ヒーリング・センターができて世界中の人を助けるのが見えると言いました。彼女が言ったことをまったく信じなかったことを私は覚えています。でも、幸いなことに、彼女の予言が正しく私が間違っていたということがわかりました。

パッツィは、進路のわからないセンターの活動に献身するということを身をもって示してくれました。彼女は、大変厳しい事態の中にあってさえも、私と妻のダイアン・シリンシオーネにとって、またセンターにとって、すばらしい忠実な友人であり続けてくれました。パッツィに対して抱いている私たちの個人的な友情は表現を超えており、何にも例えられません。彼女が昔に書いたこの文章を読める形にしてくれたことを、私たちは大変幸せに思っています。

センターの歴史とアティテューディナル・ヒーリングの原則の応用の仕方についてもっと知りたいと思っている人にとっては、センターの歴史についてのパッツィの識見と原則についての彼女の認識はとても価値のあるものとなるでしょう。パッツィ、ありがとう。

アティテューディナル・ヒーリングの一つの定義

アティテューディナル・ヒーリングというのは、単に、私たちの態度を変えるというものではありません。むしろ、ものごとを怖れる気持ちを手放すことを意識的に選択していくということなのです。

アティテューディナル・ヒーリングは、自分、他人、世界を、裁くことなく見られるようになるためのスピリチュアルな道です。

目標は行動を変えることではなく、変化のための最も強力な手段、つまり、「こころ」のあり方を変えることなのです。

こころの平和というただ一つの目標を持ち、「ゆるし」の実行というただ一つの機能を果たしていくことは可能です。その中で、私たちは人間関係を癒し、こころの平和を感じ、怖れを手放すことができます。自分の中にあるエネルギーとつながるときに、アティテューディナル・ヒーリングは私たちの人生における創造的な力になるのです。

アティテューディナル・ヒーリングの十二の原則

一　私たちの本質は愛であり、愛は永遠である

愛というものは、うまく説明できるものではありません。経験することだけができるものです。アティテューディナル・ヒーリングにおいても、愛は定義づけるよりも経験するものです。愛はエネルギーです。不変で永遠のものです。科学者たちが「生命力」と呼ぶもので、未だに測定はできないけれども、存在はだれもが知っているものです。私たちの中を流れる純粋なエネルギーです。痛みや、不安、怒り、さまざまな形であらわれる怖れによって妨げられることがなければ、私たちは愛の本質を認識することができますし、こころの平和を感じられるようになります。

大切なことは、こころの曇りをとるように常に努め、そこには愛のエネルギーしかないのだということ、そして、「負の感情」と呼んでいるもののために愛を感じることができないのだということを認識することです。私たちの人生が、自らを愛し、他人にもその愛を与えるためのものなのだということを体験できるようになります。

これは、世間の大部分の人が考えている愛とは違います。一般に、愛というのは、だれかほ

かの人から「得る」ものです。愛が「足りなくなるかもしれない」という怖れとセットになっています。この怖れの中で生きてしまうと、愛を惜しげなく与えることができなくなってしまいます。それはエゴの仕業です。愛は、測定できるようなものではなく、分かち合うためにあるのです。

愛の本質は、身体の癒しにも重要な役割を果たします。私たちのセンターのグループの一つで、五十代半ばの女性が、もう九年も慢性的な背中の痛みに悩まされてきたと不満を述べていました。この痛みから解放されたことは一瞬たりともなかったと言いました。私たちは、一つの実験に参加していただけないかと彼女に頼みました。彼女は了解しました。私たちは約十五名のグループの参加者たちに、三十秒ほどこの女性に愛を送ってもらえないかと頼みました。すべての参加者が了解しました。それから、今度はその女性に、グループの参加者たちに向けて同じことをしてくれないかと頼みました。つまり、グループが彼女に愛を送るのと同時に彼女がグループに愛を送るのです。彼女は了解し、私たちは始めました。

それは、私たちが一つだけの目標――ほかの人に愛を送るという――に集中したすばらしい三十秒間でした。三十秒が終わったとき、参加者たちはその結果を話し合おうとしました。私たちファシリテーターはそれをしないように注意し、グループミーティングでの話し合いはそれ以前よりも深いレベルで続けられました。ミーティングの終わりに、背中に痛みのある女性が興奮した様子で言いました。「どうしても我慢できません。この一時間、背中の痛みがすっかり消えていたということを皆さんにどうしてもお伝えしたいんです」

これは、ずっと以前に起こったことですが、信頼することについてのレッスンとして私の中に永遠に植えつけられています。このミーティングで起こったことは、見たり測定したりできるようなものではありません。そのとき私に起こっていた唯一のことは、この女性に対して愛を感じようとする意思だけでした。私の目標は彼女の痛みをとることでも、自分の気持ちをよくしようということでも、なんでもありませんでした。それは、ただそのときに集中し、愛を送り、結果については心配しない、ということでした。人の気持ちははっきりと送ることができるもので、別の人がそれを深いレベルで感じることができるのだということを私に認識させてくれた強力なレッスンでした。

二　健康とはこころの平和であり、癒しとは怖れを手放すこと

こころの平和を感じるためには、まずそれをただ一つの目標にすることが必要です。そうして初めて、障害物を取り除いていくことができるのです。

私たちにはいろいろな感情があります。それらは全て怖れに関連したものですが、私たちか

ら見るといろいろな形をとっています。怒り、嫉妬、罪悪感、落ち込みなどは、常に私たちの中で起こっています。これらの感情とどのようにつき合っていくかを決めるのは自分自身なのだということを知っておくのは大切なことです。無力な被害者になることもできますし、このような気持ちを変えることもできるのです。こころは私たちが持っている最も強力な手段であって、自分を傷つける気持ちを変えるために使うことができるのです。

そのためには、変化に向けての意識と意欲を持つことが必要です。自分たちのこころの声に耳を傾けるのです。こころの声というのは、エゴが支配している自分ではなく、もっと高次の自分とつながっているものを意味します。真実を、裁くことなく教えてくれる声です。次のステップは、感情を体験することです。

例えば、怒りが起こるのを感じたとき、それと「接触してみる」ことが大切です。「接触してみる」というのは、それを感じ、認め、優しくすることを意味します。怒りは当たり前の気持ちで、「悪い」というレッテルを貼る必要もないのですから、怒りを否定することはありません。怒りを否定してしまうと、それに対処するために別の気持ち、つまり罪悪感が生まれてきます。本当に自分の怒りを知ることができて初めて、変えることができるようになるのです。これは実は一瞬でできることです。長い時間をかける必要はありません。「なぜ」「どのように」を知る必要がないときもあるくらいです。これらの言葉は、私たちの人生をますますグチャグチャにすることが多いものです。こころの平和がただ一つの目標になれば、怒りにしがみついているとこころの平和は得られないのだということを認識できるようになります。

すばらしい女性が約十年前にセンターにやってきました。彼女は、九歳の娘が重症の白血病と診断され、打ちのめされていました。ジェリー・ジャンポルスキー博士と会った彼女は、「実は、この瞬間にも、あなたが感じているような痛みではなくこころの平和を選ぶことができる」と言われたのです。彼女は、なんとか、彼が何を言おうとしているのかを理解し、即座にものの受け止め方を変化させることができたのです。

この女性はやがてセンターの熱心なボランティアとして何年も活躍し、彼女と同じ体験をした大勢の親たちを助けることができました。これは何も、親たちが完全に打ちのめされているときに「あなたはこころの平和を選ぶことができるのよ」と言ったという意味ではありません。そうではなく、どういう状況のときにも、親たちのために彼女がいた、ということなのです。そして自分自身の経験があったために、彼女は、どんな形であっても親たちの助けとなれるように、自分の内なる力を頼ることができたのです。このようにこの女性が即座に変化することができたのは、私にとって本当に目をひきつけられる経験でした。「何ごとも、不可能なことはない」ということを私に教えてくれたレッスンでした。

三　与えることと受け取ることは同じ

世の中には、「与える人」と分類できる人がたくさんいます。与える人は、普通、受け取り方を学ぶのに苦労するものです。「受け取る人」もいて、受け取るのはうまくても、与え方をよく知りません。与える人は、普通、相手を操作しながら助けています。相手が期待にこたえないと、失望するのです。受け取る人は、反対に、次から次へと新たな要求を出して、決して満足することがないようです。どちらも、自分の要求を満たすものを外側の世界に探しており、自分の内側には空虚感を抱えていることが多いものです。

アティテューディナル・ヒーリングにおける与えることと受け取ることの定義は、別のところから来ます。エゴがありません。条件もつけず、期待もしませんし、どの人と愛を分かち合うかという境界線も引きません。他人を変えようという目標や意欲を持たず、他人から何かを得る必要がなければ、別のことが起こるのです。エゴも手放し、ただその人のためにあろうとすると、こころの平和を感じられるようになるのです。

他人と一体化していく感覚を持ち始めると、自分のことは忘れるようです。相手にこころを向けていくと、自分の気持ちはあまり気にしなくなります。与えることと受け取ることが同じだという幸せを感じられるようになるのは、まさにこのときです。与えるものは尽きることがなく、どんどん満たされてくるのです。

このような種類のやりとりは、センターのグループでは毎週起こっています。センターは、自分のこころを他人に向けていくための安全な環境をつくっています。グループでは自意識を忘れることができます。そして、そのプロセスを通して、愛によるエンパワーメントを受け、お返しを期待せずに相手に手を差し伸べることができるようになるのです。この時点で、助けられているほうの人はほとんど自動的に怖れや不安を手放すことができ、グループのほかの人たちと一体化することができます。人々が本当にこのモードに入ると、怖れが手放され、癒しが起こり始めるのです。

四　私たちは過去も未来も手放すことができる

過去は学習のためにあります。すべての経験には価値があり、私たちの成長の糧になります。私たちがそのような見方を選択しさえすれば、ですが。私たちが「過ち」とラベルを貼ったことも、そこから学び、新たな一歩を踏み出すための経験にすぎません。でも、過去に浸ることは私たちのためにはなりません。「過去にこれをやっておいたなら」とか「こうでなければよかったのに」というのは、私たちの邪魔になるだけです。

事実は、私たちが現在に生きていて、「今」起こっていることに対処しなければならないということです。これは、つまり、こころがしっかりと目覚めて生き生きしているように訓練しなければならないということです。過去や未来にタイムスリップしてしまうのはとても簡単なことですが、今この瞬間に生きていなければ本当の意味で生きているとはいえないのです。

今の状況によって、未来は楽しみなものにも怖いものにもなります。いくらでも未来の不安に浸ることはできますが、こころの平和がもたらされることはまずないでしょう。

ここで重要な区別をしておかなければなりません。これは決して、未来に向けての計画を立ててはいけないという意味ではないのです。もちろん計画を立てるのは大切なことです。どのように区別するのかというと、未来に向けての計画を立てている間も、私たちの意識は現在にとどまっているということなのです。私たちは未来を予見することはできませんから、何が起こるか、何が起こらないか、ということに浸るのは生産的ではありません。私たちにできることは、予約をとるというように、未来に向けての自分の意思を決めておくことと、それが実際に現実のものになってきたときに、実現に向けてさらなるステップを踏むことだけなのです。

この原則について重要なことは、過去の考えで役に立たないものや苦痛をもたらすものは、自分で選んで変えられるということです。そのためには、それに気づき、手放すための意識的な選択をすることが重要です。その考えがまた戻ってくるようだったら、また同じプロセスをくり返すだけです。しがみついていたくないものが出てくるたびに、テープを消すという新鮮な決意をすることができるのです。アティテューディナル・ヒーリングでとくに価値のある考えの一つが、「私のこころは苦痛をもたらす考え全てを変えることができる」というものです。自分のものの受け止め方を変えて新しい現実をつくり出したいのであれば、これは強力な手段になります。

五　あるのは今このときだけ。全ての瞬間は与えるためにある

この原則は、私たちが今のこの瞬間にとどまれるようにとつくられたものです。私たちはすぐに、過去のことを考えたり将来への不安を膨らませたりしてしまうものです。こうなってしまうと、こころは往々にして平和でなくなります。これが認識できれば、自分の気持ちの焦点を、平和を経験できる現在へと戻すことができます。私たちが現在にとどまっていれば、全ての出来事にいちばん良い形で対応することができます。現在でないところにいると、ものごとを決めることができません。本質的には、あるのは今このときだけなのです。愛のエネルギーが私たちからあふれ出すのも「今」です。私たちが決めつけることなく何が起こっているかを

はっきりと見ることができるのも「今」です。

私たちは外で起こっていることをコントロールすることができません。それをやろうとすると決して平和な気持ちにはなれません。でも、自分の考えをコントロールすることならできます。受け取ろうとする気持ちから与えようとする気持ちへと変えていくと、外で起こることについても明らかな変化が起こることに気づくようになります。

私の今までの経験の中で、起こりうることの例として最も深いものは、「平和の教師としての子どもたち」というグループ、そしてその創設者であるジャンポルスキー博士と共にモスクワに行ったときのことです。私たちはソ連（当時）の青年組織の代表とともに、記者会見をしていました。その青年代表は、四十五分間にわたって、米ソの関係が良くならないのはどれほどアメリカの責任であるかということなどを演説しました。私たちは皆彼の話を聴きました。そして、彼が子どもたちに質問はないかと尋ねたところ、子どもたちはその青年が考えもしなかったやり方で応えたのです。子どもたちは一人ずつ、ロシア人がいかに私たちに対して親切だったかを青年に伝えました。今回の旅でロシア人から受けた親切なもてなしの話をアメリカ人が聴いたら、戦争はなくなるだろうと言ったのです。さらに、子どもたちそれぞれがチェルノブイリ災害への寄付を申し出ました。

それぞれの子どもがこころから話をすると、その青年は美しい変化をとげました。彼の顔は柔らかくなり、色鮮やかになりました。目はうるみました。とても警戒した状態から、とても共感しやすい状態になりました。私はミーティングが終わったあとで彼のところに行って話しました。彼は、来てくれて本当にありがとうと言い、部屋に入ってきたときとは違う人間であることが私の目には明らかでした。私もまた、違う人間になっていました。私はとても感動していました。どれほどの障害があるように見えても、平和な関係を持つことは実際にできるのだということをこころの底から感じたからです。

六　私たちは評価を下すのではなくゆるすことによって、自分や他人を愛することができるようになる

私たちは他人に評価を下すときにはいつも、自分自身にも評価を下しているものです。アティテューディナル・ヒーリングでいう意味でのゆるしは、他人の行動を大目に見たり賛成したりすることを意味するのではありませんし、その人が悪いことをしたと感じる自分自身をとりあえず脇において相手をゆるすことを選ぶという意味でもありません。単に、ゆるしというのは私たちの誤ったものの受け止め方を明らかにするための手段だという意味なのです。

単純に言うと、「ゆるしとは手放すこと」、つまり、こころを乱す原因となる信念へのしがみ

つきをやめるという選択です。自分について言えば、苦しむのをやめて自分を充実させるために、まずは責任をもって自分自身を十分に愛する必要があります。

「攻撃」を例に挙げてみましょう。『奇跡についてのコース（A Course in Miracles）』（訳注：アティテューディナル・ヒーリングの考え方のもとになっている本。邦訳未出版）には、他人を見る際に役立つ考えが記されています。それは、その人は私たちを攻撃しているのではなくて、助けを求めているか愛を必要としているのだという見方をするというものです。人間関係においては、これは最も難しい原則であることが多いものです。なぜかというと、私たちのエゴは、「攻撃されている」と言うからです。でも、本当のところは、それは真実ではなく、私たちがそう受け止めているだけなのです。

受け止め方というのは、意欲を持って集中すれば、自分で変えることができるものです。自分は愛でできているとみなすことができるようになれば、自分を防衛する必要もなくなり、他人を違う形で見ることができるようになります。このことに気づき始めれば、何かしら自信がなかったり足りないと思ったりするところにおいてだけ、私たちは「ボタンを押す」ことができるのです。

自分はこれでよいのだと思えるときは、他人のふるまいについてもあまり問題にならなくなるものです。もう一度言いますが、自分は攻撃されていると感じるのは、自分自身の受け止め方にすぎないのです。自分自身を防衛する必要すらなくなるように、強力な愛のエネルギーで満たされることを選ぶことができます。

七　私たちはあら捜しをするのではなく愛を見つけることができる

他人の欠点を見つけるのはとても簡単です。他人が変わってくれさえすれば自分はもっと幸せになるのにと思うことがあります。これもまた一つの幻想です。私たちが幸せになるためには、だれも変わる必要がありません。自分自身の幸せをつくり出すのは、自分の仕事なのです。私たちが他人の欠点を捜すのは、自分自身の中に、同じ欠点や、欠点になる怖れのあるものを必ずしも見たくないからです。他人を批判することは、単に自分自身の内側で起こっている問題のあらわれだということも多いものです。

アティテューディナル・ヒーリングを実践するための課題は、「ゆるす」ことを始めること、「評価を下す」のをやめること、自分と他人を愛することです。これら三つのことを意識的なレベルでやり始めると、自動的に人々やものごとに対して別の見方をするようになります。曇った日は必ずしも「悪い」日ではなくなり、晴れた日とは反対の単なる曇った日になるでしょう。

私たちは、それぞれの人の中に光を見るようになるでしょう。私たち全ての中に光があるからです。なかにはそれを必死で隠そうとしている人もいますが、それが私たちの本質である以上、何らかの形で輝きだしてくるものです。自分の光を輝き出させるほど、他人の中に光を見ることができるようになります。

八　私たちは外で何が起こっていようとこころの平和を選ぶことができる

こころの平和をただ一つの目標として選びたいのであれば、「世間」の言うとおりに行動をとる必要がないということがわかるようになります。私たちは皆、「世間」がどれほど「正当な怒り」を守り、「正当な怒り」へのしがみつきをサポートしているかを知っています。私たちは、「世間」がサポートしてくれることをすることもできるし、自分の気持ちに責任を持ち、こころの内面を見つめ、怒り・罪悪感・決めつけを捨てることを選ぶこともできます。

私たちはロボットではありません。ロボットは外側の世界によって動かされます。ボタンが押されれば、だれかがやらせたいと思ったとおりのことをするようにプログラムされています。私たちはロボットのように行動する必要はありません。自分に最も平和をもたらすことをし、感じ、ふるまう自由があります。本質的に、だれも私たちのことを幸せに「したり」、悲しく

「させたり」、寂しく「させたり」、怒ら「せたり」することはできないのです。「私の配偶者がこんな（あんな）ふうにふるまってくれれば、私はもっと幸せになれるのに」と言うとき、私たちはそれが事実だというふうに感じることが多いものです。

実は、このような状況を使って、自分のこころのトレーニングをすることができます。今このときに、自分のこころをもっと平和にするために、起こっていることの受け止め方をどのように変えられるのか、考えてみることができます。他人のふるまいを変えようとすることは操作でありコントロールであり、長い目で見ると決してうまくいかないのです。他人を変えることは決してできず、自分自身を変えることしかできないのです。自分の気持ちに気づき、認め、それを変えることを積極的に選べるように、自分の気持ちを見つめ続ける意識とやる気が必要です。私たちが変わり始めることができるように、今この瞬間に集中して、しっかりと考え続ける勇気が必要なのです。

九　私たちはお互いに生徒であり教師である

かかわりを持つ全ての人が自分にとって教師であると考えるようになると、人生に対して別の見方をすることができるようになります。いろいろなことにすぐに気づくようになり、人の話をよく聴くようになります。学びには序列はなく、おそらく子どもたちがいちばんの教師だということがわかってきます。

子どもたちは率直で正直です。私たち大人が持っているような障壁をまだ築いていません。私たちの障壁は、自分を保護する覆いのようなものですが、子どもたちと一緒にいることではずすことができます。この原則は、私たちは必ずしも他人にとって最善のことを知っているわけではないということを意味します。そして、知っている必要もないのです。私たちのそれぞれが、自分にとって何が最善かを知っているだけです。自分を知ろうとするプロセスを分かち合うことによって学ぶことができます。そして、そこから、学び成長するための人間関係を築くことができるのです。

階層のある、垂直構造の学びではなく、水平なのです。そこでは、生徒と教師の役割を入れ替えることが、全体にとって最終的によい結果をもたらすことにつながります。この種の人間関係では、自分自身をより深く知ることの自由を感じやすくなります。もっと深く進むことがゆるされており、「間違い」「愚か」などと判断されないことが保障されています。こうして私たちがお互いに与えたり受け取ったりする努力を絶え間なく続けることによって、愛の経験の仕方をお互いから学べるようになるのです。

十　私たちは自分たちを分断された存在ではなく一つのいのちとしてとらえることができる

こころの平和を感じるためには、自分自身とまわりの人たちが一体のものであるということに焦点を当ててみる必要があります。これは、私たちにいつも痛みをもたらしている「分断」の感覚を追い払うという意味です。「分断」の感覚は、自分自身が傷つかないように守るために築いた障壁の一つです。私たちが、正誤、善悪という罠にとらわれているときには、全体の中の一部分だけを見ているにすぎません。このゲームを始めると、こころの平和を保つことはできなくなります。たまたま今どういう結果が出ていようと、常に「勝ちのない」状況になるからです。

私たちは、自分に対して、まわりの人たちに対して、そして自分が見ている世界に対して、新しい態度を持てるようになります。トンネルのような視野のほかに、もっと大きな全体があるのだということを認識することができます。自分の中にある活発な力を通して、より大きなイメージを感じることができるのです。この力によって、私たちは広がっていき、この大きな全体に気づくようになりますので、ほかの人たちが苦しんでいる葛藤に巻き込まれる必要はないのです。ほかの人たちが苦しんでいる葛藤は、その人たちの道であって、私たちの道ではないのです。私たちがやるべきことは、それぞれの状況に対して今までとは違う見方をすることができるように、そして、意味のないパターンにはまり込まないように、集中し続けることなのです。それぞれの状況が起こるたびにこころを再訓練することによって、意識をより高度の気づきに持っていきます。

私たちは自分自身に「たった今起こっていることに巻き込まれることは選びません。その代わり、人生の全体を見ることを選びます」と言うことができます。こうすることによって、私たちの焦点は広がり、変化し、ものごとを違う形で見られるようになるのです。

思考パターンを変えるときに自分の内面で起こる変化を経験すると、信じられないほどワクワクします。

十一　愛は永遠のものなので、死を怖れる必要はない

この原則をうまくとらえるために、原則の一に戻りましょう。「私たちの本質は愛であり、愛は永遠である」。命が永遠であると信じれば、死への怖れはなくなります。私たちの本質である愛は続き、新たな形に入るだけなのだという考え方を強めれば、死への怖れを消すことが

できます。死への怖れを消すことができた分だけ、今このときに完全に生きることができるようになります。

十二　どんな人も、愛を差し伸べているか助けを求めているかのどちらかととらえることができる

この原則は、人間関係の中で利用できる並外れたツールです。人とやりとりするときにこの原則を頭に入れておくことができれば、人間関係をより望ましい形にすることができるでしょう。人間関係の中で、相手が私たちに愛を差し伸べているのだということが明らかである場合、普通、何の問題も起こらないものです。愛とサポートの気持ちを受け取り、愛とサポートで応えることができます。何の葛藤も感じませんし、問題は難なく解決するように見えます。

反対に、何らかの理由で自分が攻撃されていると感じる場合には、防衛の姿勢をとり、逃げるか攻撃し返すかをしがちです。逃げる姿勢で反応しても、戦う姿勢で反応しても、行動につながります。これは、自分を傷つけずに守るように学んできた、条件反射なのです。私たちを攻撃しているように見える人を、怖れから行動している人だと見ることができるようになると、その状況の力動についてまったく新しい次元で見ることができるようになります。

この原則を、ほかの原則と共に、さらに発展的に利用できるようになるために、まず自分のこころの焦点を変えるところから始めましょう。どういうことかというと、ここでもまた、自分の気持ちについて責任をとり、ストレスが起こる瞬間に私たちに起こる反応について他人のせいにしない、ということです。

私たちが責任を持っているのは自分自身のこころの平和であって、ほかの人のことではありません。人の話を聞くときにこの原則に焦点を当てていれば、攻撃に見えるものが、実は、怖れの表現であり助けを求める声だということがわかるでしょう。そうなると、ほかの力動が起こり始めます。その瞬間に私たちが自己防衛をしなくなると、エネルギーに変化が起こり、「攻撃者」はそれを感じます。私たちの受け止め方の変化によって新たな力動が起こる余裕ができたため、はじめと同じような切迫感は続かなくなります。この新しい力動は人間関係のパターンと質を変えていきます。

これらの原則がきちんと働くようにするには、まず、自分の考えのパターンについて完全な責任をとることを選びます。常に、しっかりとした意識を持っていられるようにします。怖れがあらわれてくるのは過去や未来なのですから、「今」に生きることは、アティテューディナル・ヒーリングにとって肝心なことです。

怖れというのは愛と正反対のものであり、両方の枠組みの中で同時に生きることは不可能です。愛の中で生きたいのであれば、過去のものも未来のものも怖れを手放すことによってそれが可能になります。実は、この瞬間にこそ、私たちにはそれができるのです。どういう状況におかれているとしても。この瞬間に生きることによって、私たちは何が起こっても対処することができます。それが感情的な、身体的な、スピリチュアルな痛みであっても。

こころを再訓練し始めるには、アティテューディナル・ヒーリングの十二の原則のリストを、いつでも目にできるよう持ち歩くとよいでしょう。難しい状況になったら、私たちは直ちに問題の焦点を変えることができるのだということを認識することが大切です。私たちは、望むときにはいつでも役に立つ原則をどれでも選ぶことができます。原則を全て読んでもよいですし、起こっていることと関係のあるものを一つ選んでもよいのです。どのように原則を使おうとも、自分の態度をすぐに変えることができ、その結果として外で起こっていることの力動を変えることができるのだということがわかるでしょう。外側の状況は実際には変わることも変わらないこともあるでしょうが、受け止め方を変えることによって、世界を違うふうに見たり感じたりすることができるようになります。

アティテューディナル・ヒーリングは、やる気と、自覚と、率直さと実践を必要とします。必要なのはそれだけです。失敗のように見えるものによってやる気をなくさないことが重要です。それは、私たちが道を歩んでいく上での学びのための経験にすぎないのです。私たちに起こることは全て、私たちの学びのために起こるのです。そして、そこから、学びが決して止まることがないように改めて選ぶことができるのです。

アティテューディナル・ヒーリング・センター　誕生からの歴史

アティテューディナル・ヒーリング・センターは一九七五年にジェラルド・ジャンポルスキー博士によって創設されました。ジャンポルスキー博士は、ジェリーと呼ばれるのを好みますが、当時、サンフランシスコ湾を見渡すカリフォルニア州ティブロンの魅力的な場所で開業をしている精神科医でした。彼は、いろいろな手法のよいところを取り入れるタイプの精神科医だと考えられていました。バイオフィードバック、催眠療法、リラクゼーションの技法をはじめ、彼が必要だと直感したものはなんでも利用していました。彼の専門は、学習障害を持つ子どもたちでした。

私の息子マイケルが失読症で苦しんでいたとき、私は必死で助けを求めていました。マイケルは九歳で、私の家庭の状況は悲惨でした。一九七一年、自分たちが深刻な状況に陥っており、抜け出せる見通しがないと思ったときに、私はジェリーを紹介されました。ですから、私たちは怖れおののきながら、ティブロンの小さな診療所に毎週通い始めたのです。息子は良くなり、治療をやめましたが、私は通い続けました。自分自身について学べるという期待にとてもワクワクしていたのです。私は一九五〇年代にバークレーで心理学を学んでいましたが、それが今新たな魅力を感じさせたのです。過去には私の心理学の焦点は他人を理解することにありましたが、今度は自分についての気づきを深めるためのものとして見るようになりました。

治療は私をすばらしく目覚めさせました。私が自分自身について探り学び始めると、人間の成長には限界がないということに気づいてきました。本当のことを言うと、それはとても苦しいプロセスでしたが、それだけ得るものも大きいものでした。

アティテューディナル・ヒーリング・センターはスピリチュアルな方法でつくられました。その数カ月前に、ジェリーは『奇跡についてのコース』という読み物を紹介されていました。彼はこれに深く感動しました。それを読んだ瞬間から、彼のスピリチュアルな変化が始まりました。彼が学んだことについて話してくれるのを聴いて、私も惹きつけられ、もっとくわしく話してくれるようにと常に質問をしました。この時点では、私は『奇跡についてのコース』のコピーを持っていませんでした。手に入らなかったからです。でも、ジェリーは自分が学んでいることの全てを喜んで教えてくれました。そしてその過程で、彼も自分自身の経験を強化したのです。

実は、現在知られているアティテューディナル・ヒーリング・センターがつくられる前に、ジェリーは私に、ある実験の計画に参加する気があるかどうか尋ねてきました。それは、地元の私立学校の低学年の健康で活発な子どもたちを対象に行われるものでした。ジェリーは、この子どもたちが、外で何が起こっていようと自分の内面をコントロールできるようになるかどうかを知りたかったのです。毎日の生活を送りやすくなるように、ものの受け止め方を実際に変えられるのかということを知りたかったのです。

私はこの考えに夢中になり、実験に喜んで参加したいと言いました。私たちはバイオフィードバックの道具を使い、結果が私たちにも子どもたちにもよくわかるようにしました。これは六週間の計画でした。ジェリーは六名のボランティアの大人たちと六名の子どもたちの協力を得ることができました。私たちは六週間続けて、火曜日の放課後に、ティブロンのジェリーの診療所の隣の「埠頭レストラン」のすぐ下にジェリーが借りた部屋で会いました。それぞれの大人が一対一で子どもに対応しました。

最初のプロセスは、子どもたちの指に装置をつけて、想像を働かせることによって手の温度を上げたり下げたりできるようにさせることでした。例えば、私が、担当していた七歳のブラッドに、手が温かい水にひたっていると思い描いたり、あるいは反対に、冷たい水に入っているとイメージしたりしてごらんと言います。まったく何の問題もありませんでした。彼は最初のセッションでこれができるようになり、ほかのほとんどの子どもたちもそうでした。

私たちのどちらも、これが目の前で難なく実際にできるのを見てワクワクしました。それは自然なプロセスだったのです。次のステップは、「ブラッドの人生に起こっていることで変えたいことは何？」ということです。最初に取り組んだのは、野球をするときの恥ずかしさでした。打席に立ってみんなの注目が集まると、とても緊張してしまうのです。彼は固まってしまい、ボールを打つことなどほとんど不可能な状態になってしまいます。私たちは野球場における彼の状況に、バイオフィードバックの技術を使うことができました。ブラッドが打席に向かって歩き、バットを振り、ボールをしっかりと高く打っている姿をイメージするようにしました。私たちは、共通の目標に向かって、遊びながら、楽しんでやりました。この練習が終わるころには、よい結果が出るだろうという自信を二人とも持っていました。次の週、ホームランを打ったというニュースをもってあらわれたのは、喜んで、やすらいでいるブラッドでした。

六週間のセッションの間、私たちはたくさんのことに取り組みました——読み方、うまくいっていない友達との関係、父親に関する問題など、ブラッドがそれまでに取り組んできた全ての大きな問題にです。追跡調査をしてみると、その効果は長く続いていました。子どもたちは技術を自分のものにし、生活で必要になったときに自分で応用できるようになっていたのです。

私は、よい友情が築けただけでなく、多くのことを学ばせてもらったこの実験プロジェクトが終わってしまうのが残念でした。

このプロジェクトが終わった二週間後、ジェリーはもう六週間プロジェクトをやるつもりがあるかと私に尋ねました。「癌の子どもたちと一緒にやるつもりはある？」とジェリーは言い続けて、自分は死に直面するような子どもたちのために仕事をするようにという強い内なる導きを得たのだと言いました。当時、ジェリーは自分が死ぬことをとても怖れていました。私はと言えば、死の話題を感情的に避けていました。ジェリーはここに何か大切なことがあるのだということをこころの中で知っていたのです。

私はそのプロジェクトが怖いと思いました。たった六週間のことだと自分に言い聞かせ、その間、参加している子どもたちに何も起こらないようにと望みました。それまで、重い病気の子どもが身近にいたことがなく、私は、率直に言って、とても怖かったのです。

四人の人たちが参加しました──ジェリー・ジャンポルスキーと、パット・テイラー（この計画のコーディネーター役）、グロリア・マーレイと、私です。私たちはまず子どもを見つけなければなりませんでした。私たちは医師や友人に尋ね、参加の意思がある子どもたちを、望んでいた数だけ見つけました。今度もまた、六名の子どもたちが選ばれました。それから私たちは子どもたちと親に連絡をとり、家を訪問してプロジェクトについて話し合いました。この実験の結果、ほかのたくさんの子どもたちが恩恵を被るかもしれないということを話し、協力を求めました。この子どもたちは、これからの六週間、私たちがお互いにどうやって助け合えるかを知るために週一回集まる気になってくれるのでしょうか？　言うまでもなく、全ての子どもたちと親たちが、参加に同意してくれました。

一九七五年の夏に、私たちは最初の集まりを持ちました。私たちはまだ「埠頭レストラン」の下の部屋に集まっており、まだ集まりの名前がありませんでした。ジェリーとパットとグロリアと私は皆そこにいました。私たちは夕食を用意しました。サラダ、スパゲッティ、フランスパン、そしてデザートにはクッキーを。夕食は、緊張を解くのには完璧でした。私たちは皆少し緊張していたのです。日程表をつくっていなかったので、何が起こるのかもよくわかりませんでした。集まりの時間は二時間と決めてありました。

夕食を終えると、私たちは皆で輪になって座りました。一分間くらい手を握りました。これは、全ての集まりの最初と終わりに今でも行われている習慣です。仕事のミーティングであろうと、グループセッションであろうと、本当にそうなのです。

次に起こったことは、私にとって、センターの始まりのカギとなることでした。私たちは順番に、自分が怖れていることについて話しました。正直に、率直に。私は目前の怖れを話しました。それは、自分が失明するのではないかということでした。私は緑内障を患っていました。

緑内障というのは、視神経を損傷するほど眼圧を高くする可能性のある病気なのです。

死についても、もちろん、話し合いました。私はそれまでに自分自身の死についても家族の死についても考えようとしたことがなかったので、子どもたちが最も深い心配事について自由に話すのを、畏敬の念をもって見ていました。

お互いに自分自身の怖れを打ち明け始めてみると、私たちには何の違いもないのだということに気づきました。大人も子どもも同じことに直面していました。子どもたちは私たちの教師になりました。子どもたちは、とても怖いテーマについて、私よりもはるかに直接的なやり方でものごとに対処していました。

最初のセッションの終わりに、私たちは全員がずっと昔から友だちだったような気持ちになりました。深く気持ちを打ち明け合うことの何かが、ほかの何よりも人々をつなぐのです。でも、気軽な雰囲気がずっとその場を占めていたということも、大切なこととして言っておきましょう。いたわり打ち明け合う中に、笑いと愛がありました。

六週間の終わりに、ジェリーとグロリアとパットと私は、子どもたちが私たちの教師になってくれたことに対して、お礼のカードにサインをし、五ドル札を封筒に入れました。私たちにどれほどのものを与えてくれたかを、子どもたちに伝えたかったのです。子どもたちは、まさに異口同音に「もうおしまいにしなければならないの？」と言いました。これは完璧な質問でした。なぜかというと、私たちも終わりにしたくないということをとてもよくわかっていたからです。私たちが合意したのは、皆にとって役に立っている限りは続けようということと、皆がこれほどたくさんのものを受け取っているときにやめる理由はないということでした。これは十二年前のことです。そしてアティテューディナル・ヒーリング・センターが生まれたのです（訳注：センターができたのは一九七五年）。

私たちのグループは、それから数年間にわたって続きました。小さいグループでした。私たち皆が定期的に同じやり方で参加しました。私たちは愛を分かち合いました。無条件の愛で、お互いに与え、受け取り、サポートしたのです。そして、やり方はほとんどいつも同じであっても、グループはいつも生き生きとしてワクワクするものでした。いつも何かしら新しいものを与えました。いつも何かしら新しいものを受け取りました。

ゆっくりと、子どもたちが私たちのところに紹介されるようになってきました。医師や看護師や家族が、子どもたちの態度に違いを見出すようになってきたからです。自分たちが対処しなければならない問題について、別の対処の仕方をするようになったのです。注射、化学療法、その結果髪を失うことの心理的な影響といった問題に。

その例が、七歳のブライアンでした。ブライアンは、とても苦しい耳の癌でした。毎週病院に行くと、彼は病院全体が混乱するほどひどい騒ぎを起こしました。病院の職員は、ブライアンが来る日をとても怖れるようになりました。なぜかというと、ブライアンの泣き声があまりにも大きく、抵抗があまりにも強いので、一日のスケジュール全体が遅れてしまうからです。そして、ブライアンの騒ぎの結果、治療を待っている親たちや子どもたちの不安がどうなるかは、言うまでもありません。

ブライアンは、グループの中で、こころの焦点を変えるやり方を学びました。状況に対して別の見方をし、一週間の間に膨らませてきた恐怖を手放すにはどうしたらよいかを学びました。その結果は、本当に驚くべきものでした。皆が、深い変化に気づきました。

私たちは自分の気持ちを知るためにサイコドラマの形式を使い、四人の人が参加しました。一人は医師を演じ、もう一人は患者を演じ、残りの二人はそれぞれのうしろに立って意識の役を演じました。医師や患者が嘘をつくたびに（例えば、「いや、これは痛くないよ」というふうに）意識はそれを思い出させる役を果たすのです。これは、私たちが自分の本当の気持ちを早く知ることができるようになるための、おもしろく、効果的な方法でした。

子どもたちとやったことでほかにとても重要だったのは、自分の気持ちを表現する絵を描くよう励ましたことでした。これらの絵は、その素朴さにおいて、私たちが期待した以上のものを与えてくれました――言葉では伝えられない、子どもたちの気持ちや体験へのドアを開けてくれたのです。そして、そのプロセスを通して、私たちは皆、より親しくなりました。

この作業を進めるにつれてわかり始めたことがあります。それは、これらの絵がほかの子どもたちの、そして医師や家族の役に立つだろうということです。ある日、私たちは本を書くことに決めました。何ごとも不可能なことはないという仮説のもとで、とにかくこれをやろうと取りかかったのです。私たちは絵を編集し、最終的なテーマに焦点を当てた新しい絵を描くように励ましました。この結果、私たちはさらに親しくなり、グループには新しい要素が加わりました。

約一年後、私たちの本がまさに完成しようとしていたときに、グレッグ・ハリソンが亡くなりました。グレッグは差し迫った死に直面したグループ最初の子どもとなりました。グレッグは十一歳でした。白血病で、薬がもはや効かず、重度の痛みを抱えていました。グレッグは、自分で、もう逝く準備ができたということを決めたのです。彼はグループでそう言い、彼が死について話す間、皆が彼のまわりに集まりました。

グレッグは、死というのは、天国に行って、そこにいる魂と一緒になることだと思うと言いました。彼は、多くの魂がこの世に下りてきてだれかの守護天使になると思うと言いました。彼は守護天使になりたいと決めたのです。残された私たちは、実際に、グレッグはそうなったのだと信じています。

この地上での最後の数週間、グレッグは病院に入院していました。グレッグの両親と医師はすばらしいことをしました。グループのメンバー全てがグレッグを見舞ってよいと許可したのです。一九七〇年代には、死にかかっている子どもをほかの子どもが見舞うというのは先例のないことでした。病気の子どもに、ほかの子どものばい菌が移るのではないかと怖れられていたのです。病院の医師と職員は、グループメンバーのお見舞いがどれほどグレッグにとって重要かということを理解したので、この方針を無視し、私たちが好きなだけ彼を見舞ってよいと許可してくれたのです。グレッグは亡くなる瞬間まで勇気について私たちに教えてくれました。彼は偉大な教師でした。

グレッグが亡くなって間もなく、私たちの本は完成しました。グレッグの父親は本の出版の仕事をしており、私たちの本の出版を助ける機会が与えられたことに感謝してくれました。その本、『雲のむこうに虹がある』（訳注：日本語訳は「ほるぷ出版」）は、五千部を刷るのに五千ドルかかるはずでした。私たちにはそのお金がありませんでしたが、センターのいつものやり方である「馬の前に馬車をつなぐ」（訳注：ものの順番が反対であるという意味のことわざ）で、私たちは出版の手続きを進めました。センターではよく起こることですが、お金の支払日に、ある財団が本のための小切手をくれました。これはすばらしい本で、たくさんの、たくさんの人を助けてきました。私たちは奇跡が起こるのを期待し、そして奇跡を受けたのです。

ジェリーはその本をメディアに送りました。その少しあとに、彼はシカゴから電話を受けました。それは、フィル・ドナヒュー・ショー（訳注：米国でとても人気のあったテレビ番組）のプロデューサーでした。彼女は、この本がとても気に入って、ジェリーにフィル・ドナヒューとのインタビューに出演してほしいと言いました。ジェリーは、そうしたいけれども、子どもを六人連れて行くことができなければ出演できないと言いました。その奇跡的な瞬間、プロデューサーは「いいですよ」と言ったのです。フィル・ドナヒュー・ショーのために、ジェリーと六人の子ども全員と、パット・テイラーと私はシカゴに飛びました。三人の親たちも一緒に来ました。私たちはグランド・ハイアット・ホテルを与えられ、運転手つきのリムジンがホテルとスタジオの送迎をしてくれました。それはとてもワクワクする時間でした。ショーは大変な成功を収めました。アティテューディナル・ヒーリング・センターは、初めて公にデビューをしたのです。

私たちは今でもドナヒューのテープを学びの道具として使っています。深い感動があり、見た人にはパワフルな影響を与えます。子どもたちはまっすぐで正直です。フィル・ドナヒューはこの経験にとても強く影響を受けたため、約一年後にカリフォルニアにやってきて、センターについてのショーをもう一度やりました。彼は十回のショーができるくらいの題材を得たといい、今でも子どもたちの何人かと連絡をとっています。

シカゴから帰ってくると、私たちの静かな小さなセンターは大騒ぎになっていました。電話は一日中鳴りっぱなしです。アメリカ中から電話がかかってきて、助けを求めているのです。手紙が殺到しました。私たちは圧倒されながら、最善を尽くして手紙に返事をしたり電話をとったりしました。ドナヒューの番組の最後に、パット・テイラーが「私たちはサービスを有料にしようとは夢にも思いません……、でも、寄付は決してお断りしません」と言いました。これがきっかけとなって、寄付が殺到しました。高額のものも小額のものも。私たちは反応の大きさの見当がつきませんでした。すごかったのです。

私たちはまったくのボランティア組織でした。今や公的な寄付が入ってくるようになったので、法的にＮＰＯになる必要がありました。自力でそれができるかどうかを見てみようと私たちは決めました。弁護士に法外なお金を払わずにすむようにです。それは本当にとても単純でした。私たちはカリフォルニア州サクラメントに行きました。そして、ＮＰＯ法人化を申し込みました。私たちは一九七七年一月二十日に国務長官の事務所に行き、その日のうちにＮＰＯ法人格を得ることができました。事務所の人は、基本定款を簡潔な形でつくるのも手伝ってくれました。それは、カリフォルニア州法のもとで、私たちの目的をはっきりと述べたシンプルな文書です。基本定款は、私たち、当時は三人だった理事会メンバーによって署名されました。

団体規約もつくりました。ほかの団体の形式を調べて自分たちのセンターに必要なものを採用したのです。私たちの団体規約は十ページからなり、一九八一年十一月二十三日の理事会で採択され、事務局長のウイリアム・テッドフォードによって署名されました。私たちが踏まなければならなかったもう一つの公的なステップは、カリフォルニア州税務局に行って非課税の対象となることでした。これは、すでにNPO法人格をとっていたので、難なくできました。

私たちは公には子どものセンターとして知られていましたが、最初から大人のグループもありました。これは緑内障をもつ大人のグループでした。すでに触れたように、それは私が自分の問題として取り組んでいるものでした。私は子どもたちから、他人を助ければ自分を助けることになるということをすぐに学んだのです。このグループは約二年間続いていました。私たちの小さなグループが衰え始めたちょうどそのときに、ドナヒュー・ショーが公の光を当てたのです。その結果として、私たちは、致命的な病気を抱えた大人たちのためのグループはないかという問い合わせを受けるようになりました。私は予約リストをつくり始め、そして小さなグループを始めるのに十分な数が得られたところで、大人のグループを始めました。それはゆっくりと自ら発展していきました。子どもたちのグループとは別に。

今日（訳注：一九八七年当時）、センターには十八の大人のグループがあります。三つが致命的な病の人たちのものです。一つは乳がんの女性、もう一つは慢性疾患、二つがエイズ、一つが摂食行動についてのグループ、四つがパーソン・トゥー・パーソン（病気はないけれども、人間関係の中でアティテューディナル・ヒーリングを実行したい人）、二つが致命的な病の人を支えている人たちのグループ、そして四つが高齢者のものです（老人ホームで行われています）。グループの全てが、外部からの要求によって直接つくられました。勧誘をしたことはありませんが、大きさ・評判ともに、育ち続けてきました。そして、メディアを通して、センターについて聞く人が毎日増えています。米国内には七十一のセンターが芽生え、世界中のほかの国にもセンターができました。これらのセンターは、それぞれ独立した組織ですが、私たちのセンターで確立された「原則」からインスピレーションを受けセンターをつくることになったのです。私たちのところにトレーニングを受けに来る人たちもたくさんいます。

私たちは年に四回、四十〜五十人の人を対象に広範なトレーニングをします。また、新しいボランティアを対象に年二回トレーニングをします。前回のトレーニングは、センターで働くことに関心のある約七十名の人が参加しました。広範囲にわたってボランティアの力で運営していますが、約八名の核となるスタッフもいます。このスタッフは、センターの運営と臨床の両方をします。私たちは財団と個人の献金者から資金を得ています。ほかの慈善団体と同様、しばしば財政的に苦しくなりますが、奇跡が起こり続けて、十二年後の今も、まだ成長しています。

アティテューディナル・ヒーリングの概念は古くからのものであると同時に、比類のないものです。これらの原則は大昔からあるものですが、現代の考え方はそれをわかりにくくしています。私たちは社会の法律ではなく愛の法律を教えようとしています。原則は、使ってみると、実にうまくいくのです。怖れによる妨害を取り払って、愛の贈り物を開けるためのツールなのです。

翻訳　水島広子　（二〇〇六年七月）

❑ 追記

116ページで触れましたが、パトリシア・ロビンソンは二〇〇六年十二月三十一日に亡くなりました。彼女との深い友情を通して学んだことに心から感謝しています。「日本語で出版されるのはいつ？」と心待ちにしていた彼女との約束がようやく果たせました。

あとがき

本書は、アティテューディナル・ヒーリング・ジャパン（AHJ）の入門ワークショップを実際に収録し本の形にしたものです。私がアメリカのセンターで七カ月間の研修兼ボランティアをしたあとに日本で始めたワークショップですが、思いのほか多くの方から参加のご希望をいただき、完全なボランティア活動としてはとても対応しきれなくなってしまいました。また、地方でのワークショップの開催にも限界がありますので、「とても東京までワークショップを受けに行けない」という方たちのお声にも十分に応えられずにまいりました。

そんな中で救いの手を差し伸べてくださったのが星和書店さんでした。「それほど好評で役に立つワークショップでしたら、収録して、どなたでも手軽に触れられるようにしたらいかがですか」というお声を、社長さん自らがかけてくださったのです。

本当に嬉しくて、創始者ジェリー・ジャンポルスキーに報告しましたら、「ね、だから怖れを手放せば全てがうまく進んでいく、と言っただろう？」と喜んでくれました。実は、すでにワークショップを経験された方たちからも、「もう一度ガイドラインや原則を復習できる本をつくってほしい」という声をたくさんいただいていたので、まさに願いがかなったことになります。

さて、そうは言っても、ワークショップの醍醐味は、それぞれが自らのデリケートな部分をさらけ出すことによってつながりを感じる部分にあります。そんなワークショップの収録など可能なのだろうか、と疑問に思ったのですが、これも杞憂に終わりました。収録参加希望者を募ったところ、結果的にお断りしなければならないほどに多くの方からご希望をいただくことができたのです。そして、収録のカメラが回っている中でも、本当に真剣に自らをさらけ出してくださった皆さまの勇気に、「与えるこころ」の美しさを感じました。もちろん、プライバシーを守るために、一部の個人情報は変更していただくよう、お願いはしてありますが、そんな細工がなんの影響ももたらさないほどに、皆さま、真摯に参加してくださいました。その結果として本書ができました。

ワークショップの雰囲気をよりよくわかっていただくために、DVDも同時に制作しております。DVDは二〇〇九年二月頃に発売予定ですので、そちらもぜひご参考にしていただければと思います。

ちなみに、私の本職（?）は精神科医です。社会基盤を整えれば人のこころがもっと健康になるのではないかと考えて国会議員になったこともあります。もちろん、病気を治療するためには医療が必要ですし、社会生活を維持していくためにはいろいろな制度も必要です。でも、それらを支えるいちばんの根底に、アティテューディナル・ヒーリングの考え方が根づけば、何をするにもつきものの「怖れ」を違った角度から眺めることができますし、病気を持とうと、社会的に困窮しようと、人生をとらえるまったく別の選択肢があるのだということに気づくことができると信じています。

本書の応用範囲は広いと思います。お一人でかみしめて読んでいただいてもよいし、お仲間と勉強会を開いていただいてもよいと思います。読者の皆さまが実際にワークショップに参加しているような気持ちになっていただければなによりです。

また、今後、アティテューディナル・ヒーリング・ジャパンで提供しているほかのプログラムもこのような形でご紹介できる機会があれば、と楽しみにしております。

最後になりますが、この企画を発案から一貫して支えてくださった星和書店の石澤雄司社長、近藤達哉さん、石井みゆきさんにこころから感謝いたします。また、私の親友でありメンターであり常に支えてくれているアティテューディナル・ヒーリングの創始者ジェラルド（ジェリー）・G・ジャンポルスキーに感謝と友情を捧げます。ジェリーは私の先輩にあたる精神科医ですが、八十三歳になった今でも、元気に活躍しています。彼の著書の一部を巻末の参考文献に挙げてあります。いずれもお勧めの本ですので、ぜひご一読ください。

そして、ワークショップの質の向上に貢献してくださった今までの参加者の皆さま、とくに今回の収録に参加してくださった勇気ある皆さまに、こころからの感謝を申し上げます。

二〇〇八年九月

水島　広子

◆参考文献

ジェラルド・G・ジャンポルスキー著、石井朝子訳『やすらぎへの道』春秋社、一九九三

ジェラルド・G・ジャンポルスキー著、石井朝子・長原渓子訳『やすらぎの奇跡―誰でも別の生き方ができる』春秋社、一九九四

ジェラルド・G・ジャンポルスキー著、大内博訳『ゆるすということ―もう、過去にはとらわれない』サンマーク文庫、サンマーク出版、二〇〇〇

ジェラルド・G・ジャンポルスキー著、大内博訳『ゆるしのレッスン―もう、すべてを手放せる』サンマーク文庫、サンマーク出版、二〇〇一

ジェラルド・G・ジャンポルスキー著、本田健訳『愛とは、怖れを手ばなすこと―今をよりよく生きるために』サンマーク文庫、サンマーク出版、二〇〇八

著者略歴

水島 広子（みずしま ひろこ）

慶應義塾大学医学部卒業・同大学院修了（医学博士）

慶應義塾大学医学部精神神経科勤務を経て、現在、対人関係療法専門クリニック院長、慶應義塾大学医学部非常勤講師（精神神経科）、アティテューディナル・ヒーリング・ジャパン代表。

2000年6月～2005年8月、衆議院議員として児童虐待防止法の抜本改正などを実現。
1997年に共訳「うつ病の対人関係療法」（岩崎学術出版社）を出版して以来、日本における対人関係療法の第一人者として臨床に応用するとともに普及啓発に努めている。
2005年12月～2006年7月には、米国に住みアティテューディナル・ヒーリング・センターでボランティア兼研修。2006年10月にアティテューディナル・ヒーリング・ジャパンを立ち上げ、ワークショップやサポートグループを展開している。

主な著書に「続・怖れを手放す―アティテューディナル・ヒーリング入門ワークショップ〈ボランティア・トレーニング編〉」（星和書店）、「自分でできる対人関係療法」（創元社）、「拒食症・過食症を対人関係療法で治す」（紀伊國屋書店）、「対人関係療法でなおす うつ病」（創元社）、「対人関係療法でなおす 社交不安障害」（創元社）、「摂食障害の不安に向きあう―対人関係療法によるアプローチ」（岩崎学術出版社）、「国会議員を精神分析する」（朝日新聞社）など、訳書に「探すのをやめたとき愛は見つかる」（創元社）などがある。

ホームページ http://www.mizu.cx/

怖れを手放す
アティテューディナル・ヒーリング入門ワークショップ

2008年11月28日　初版第1刷発行
2010年4月16日　初版第2刷発行
2011年5月10日　初版第3刷発行
2013年3月4日　初版第4刷発行

著　者　水島広子
発行者　石澤雄司
発行所　株式会社星和書店

〒168-0074　東京都杉並区上高井戸1-2-5
電話　03（3329）0031（営業部）／03（3329）0033（編集部）
FAX　03（5374）7186（営業部）／03（5374）7185（編集部）
http://www.seiwa-pb.co.jp

　ISBN978-4-7911-0690-5